全国高等院校应用人才培养规划教材·公共课系列

实用写作与训练

主　编　袁　丁
副主编　莫险峰　王晓霞
参　编　李　茜　张　静　杨天娅　李佩锦　宋　欣

北京大学出版社
PEKING UNIVERSITY PRESS

图书在版编目(CIP)数据

实用写作与训练 / 袁丁主编. -- 北京 : 北京大学出版社, 2025. 7. -- (全国高等院校应用人才培养规划教材). -- ISBN 978-7-301-36437-6

Ⅰ. H15

中国国家版本馆CIP数据核字第2025AZ2884号

书　　名　实用写作与训练
　　　　　SHI YONG XIEZUO YU XUNLIAN
著作责任者　袁　丁　主编
策划编辑　温丹丹
责任编辑　温丹丹
标准书号　ISBN 978-7-301-36437-6
出版发行　北京大学出版社
地　　址　北京市海淀区成府路205 号　100871
网　　址　http://www.pup.cn　新浪微博: @ 北京大学出版社
电子邮箱　编辑部zyjy@pup.cn　总编室zpup@pup.cn
电　　话　邮购部010-62752015　发行部010-62750672　编辑部010-62752013
印 刷 者　天津中印联印务有限公司
经 销 者　新华书店
　　　　　787毫米×1092毫米　16开本　10印张　242千字
　　　　　2025年7月第1版　2025年7月第1次印刷
定　　价　39.00元

前言

实用写作在工作、学习和日常生活中应用广泛，是大学生应当具备的一项基础技能。然而令人惋惜的是，大学生写不好普通的礼仪性文书和事务性文书，这已非个别现象。用人单位对诸如“工作计划如同充满激情的蓝图”“请柬没有落款”等情况深感匪夷所思；而在大学语文教学相关的各类学术会议上，老师们则纷纷吐槽“写作课程被取消”，或是“实用文体写作课程枯燥，很难吸引学生，难以达成教学目标”。与这些声音相对应的是，很多大学生对实用写作抱着不屑一顾的态度，他们通常觉得在网络上找篇范文就能应付了事。

“走进校园是为了更好地走向社会”，这一理念凝练为我们学校的校训，深刻揭示了校园学习与社会发展之间的紧密联系。在当今社会，无论身处何种岗位，文字表达能力都不可或缺。从撰写工作总结到起草申请材料，这些任务频繁出现在日常工作中。即便是处于基层岗位的员工，也时常需要撰写会议通知这类看似简单却又十分重要的实用文本。掌握实用写作技能，不仅有助于提升大学生的逻辑思维能力，满足学术研究的需要，还能为大学生的职业生涯筑牢根基，帮助他们更好地融入社会，实现个人价值。吉利学院始终高度重视培养学生的人文素养，实用写作一直是通识必修课程。经过多年的精心建设，我们成功打造了线上线下混合式教学模式，精准明确了“学以致用”的写作课程核心定位，精心构建了课程思维导图，创新引入了人工智能助教，全面落实了“一课一练”“七项考核”的课程设计。在北京大学出版社的大力支持下，我们正式推出了本教材。这一成果的取得，既离不开学校的高度重视、教务处的悉心指导，又是语文课程组老师共同努力的结晶。

本教材根据应用型大学的学情来组织编写，是在实践中总结、提炼的，它具有以下三个显著特点：

首先，它严格契合了课程“学以致用”的定位。教材别出心裁地以一位大学生的成长经历为线索，采用一路“打怪升级”的独特方式教“小明”同学写作，并且所教授的内容均为“小明”切实所需。这种别具一格的体例切实满足了学生的实际需求。

其次，教材充分彰显了写作课程的特质，重点并非在于理论讲授，而在于指导训练。知识点以直观明了的思维导图形式予以呈现，醒目且清晰；合理压缩教师的讲授时间，从而让学生拥有更多时间研读范文、修正存在瑕疵的案例，随后进行练习，真正做到举一反三，在动手实践中实现学习能力的提升；通过引导学生在课堂上开展自主学习和讨论，扎实有效地落实了过程性学习和过程性考核，使学习任务清晰明确，课堂氛围也随之活跃起来。

最后，本教材配套丰富的数字化教学资源体系，可有效助力教学全流程的智能化应用。基础资源模块包含微课视频和习题库等。针对教师备课需求，同步配备标准化课程大纲、模块化教案与PPT课件三种教学工具包。

本教材由吉利学院博雅学院的袁丁担任主编，负责全书的策划、构思和组织编写工作。具体编写分工如下：第一章、第二章第二节由袁丁编写，第二章的其他节由王晓霞编写，第三章由杨天娅、张静、李佩锦、宋欣编写，第四章由莫险峰编写，第五章由王晓霞和莫险峰共同编写，第六章由李茜编写。此外，本教材的微课视频、知识图谱、思政教育图谱及其他线上资源由袁丁、张静完成。

本教材在编撰过程中，承蒙毛正天教授的悉心指导，同时借鉴复旦大学张学新教授提出的“对分课堂”教学模式构建各章节框架，谨此致以诚挚的谢意。编者始终秉持科学严谨的学术态度，力求内容臻于完善。若书中存在疏漏或不妥之处，恳请广大读者不吝批评指正。

编　者

2025年5月

目录

微课视频

1. 概论
2-1 总结
2-2 计划
2-3 申请书
2-4 读书笔记
3-1 演讲稿
3-2 策划书
3-3 请示和批复
3-4 通知
3-5 邀请函
3-6 消息
4-1 调查报告
4-2 学术论文
4-3 科普文章
5-1 求职简历
5-2 邮件
5-3 申论写作
6-1 函
6-2 工作报告
6-3 PPT 汇报

第一章

实用写作概论

“金榜高悬姓字真，分明折得一枝春。”这句诗自古以来激励着无数读书人。如今，从小学一年级起就陪伴着我们的小明同学，终于步入了大学校园！在成长过程中，他经历过不少趣事：曾在上学路上奋力追赶小红，还对“游泳池一边放水一边进水”的数学问题感到困惑。不过，他的数学成绩一直很优异。听说在大学里，几乎所有专业都要学习通用写作课程，小明心里有些犯难，毕竟写作并非他的强项。然而，实用写作确实非常实用，无论是生活、学习，还是未来的工作，都离不开它。于是，小明决定拿出当初解鸡兔同笼问题时的认真态度，来学习实用写作，力求学以致用。

听一听

表达方式

叙述

表述事情发生、发展和变化的过程，表述人物的行为、经历。叙述可以采取顺叙、倒叙、插叙、夹叙夹议等方法。叙述六要素：时间+地点+人物+事件+原因+结果。

和文学创作不同，实用文体的叙述要求清楚简洁、绝对真实。

议论

通过事实材料和逻辑推论得出结论，表明自己的观点。议论可以采取例证法、引证法、反证法、比喻法、对比法、排他法等方式。议论三要素：论点+论据+论证。

实用写作中的议论是在叙述和说明的基础上进行分析、阐明道理的。实用写作中的议论相对议论文中的议论更为简要，不要求完整的“三要素”。

说明

表述事物的外形、性质、特征、成因、演变、功用等，也用于表述人物的特征、状况和经历等。包括定义说明、举例说明、分类说明、比较说明、数据说明等。

图表说明是实用文书中常用的说明方式，通过表格、饼状图、曲线图，甚至照片、插画等方式，让内容一目了然。

写作特点

功用直接

实用写作是为解决实际问题进行的写作活动，它必定具备直接实用性。
《学习计划》是为了指导个人学习行动以实现学习目标；春晚宣读的《贺信》是为了表达祝贺之情；请示则是用于向上级机关请求指示或批准。

对象化思维：为了实现实用写作的直接功用，我们在写作时应考虑到接收者（阅读者）的实际情况，包括立场、思虑和期盼。
比如：写《请假条》，落款时要写明自己的班级和学号，以便辅导员快捷对应到学生本人，这就是对象化思维。在工作中撰写的《新品推广策划书》，整合各部门、分公司的资源合情合理，同时充分考虑到各单位已有工作，并据此进行商议和调整。

内容真实

从实际出发，材料真实、事实确凿、数据准确，全面反映真实情况，不容任何臆想、捏造和浮夸。

底线意识：实用写作要符合党和国家的路线方针、政策法规；要有法律意识。
比如：在论文撰写过程中，严守学术规范是基本要求。作者首先应当深入学习教育部发布的《关于加强学术道德建设的若干意见》《高等学校哲学社会科学研究学术规范（试行）》等相关规章制度，杜绝学术不端行为；在单位制定涉及加班、报酬等方面的规章制度时，必须以《中华人民共和国劳动法》《中华人民共和国劳动合同法》等法律法规为依据，确保制度条款合法合理，充分保障劳动者的合法权益 。

格式规范

公文格式有明确要求，必须严格遵照执行。其他实用文体通常参照公文格式要求并结合约定俗成的写作习惯书写。
在进行公文写作时，需要深入学习由中共中央办公厅、国务院办公厅印发的《党政机关公文处理工作条例》，以及国家标准《党政机关公文格式》（GB/T 9704—2012）（以下简称“公文格式”）。

适当变通：在非公文的实用写作中，各单位的格式要求可能有所不同，因此应参照已有惯例进行书写。在信息时代背景下，部分实用写作采用表格形式填写并通过线上流程审批。为适应这一时代需求，尤其是作为设计者，更应充分考虑网络办公的便捷性，基于实用写作的实际功效设计合适的格式。
比如：不同高校对毕业论文的格式要求可能存在差异，不同单位对会议记录的格式要求也不尽相同，在这种情况下，我们应遵循具体单位的相关规定。

语言得体

实用写作语言应清楚准确、简明扼要、平易朴素。
同时，实用写作写作在某些场合也需要融入文学性语言。例如，在演讲稿、倡议书中，可以运用充满激情的排比句；在工作汇报中，可以描绘包含希冀的蓝图。总之，语言是为表达服务的，得体为首要原则。

常用语：实用写作中有些常用语，表达准确、简洁，应加强学习和运用。
称谓常用：我（校），你（部门），贵（公司），该（单位）
开头常用：为了……，依据（根据）……，鉴于（由于）……
承接常用：现决定（报告、通知、答复）如下：
经办常用：拟（拟定），经（业经），会议通过了（讨论了、号召、要求）
结尾常用：特此报告（通知、批复）

实用写作，简而言之，是一种创作具有实用价值文本的写作活动。它主要运用语言文字、图表和符号等工具，写作目的则是解决生活、学习和工作中的具体问题。例如，在生活中，我们向朋友发出的邀请函；在学习中，撰写的科普文章和毕业论文；在工作中，涉及通知、合同、产品说明书等。

在写作领域，与实用写作相对的是文学创作。文学创作是一种创作文学作品的写作活动。它运用的主要工具同样是语言文字，主要特征是艺术加工和创意构思。大家熟悉的文学样式有小说、诗词、散文和剧本等。

？想一想

选择一个题目独立思考，完成课堂独学。

各小组分析范文后，选择一个题目，允许上网查询，完成课堂独学。

题目一：请思考你在生活、学习和以后的职业生涯中会用到的实用写作。

题目二：文学作品中的叙述与实用写作中的叙述有什么不同？

组建学习小组，同学们互相分享各自的独学成果，并请同学们帮忙润色文稿。同时，记录下同学们独学思考中的闪光点和教师点评给予你的启发。

练一练

小明作为新生代表在本周日参加学校组织的“看望军训教官，汇报军训成果”交流会，故无法参加同日19点的班级活动。请你为小明拟写一份呈交给辅导员的《请假条》。

晒一晒

请与同学交换并修改各自的“练一练”作业，根据教师的点评意见再次修改。完成修改后，将你的初稿、修改稿、定稿，以及“独学思考”“亮点闪闪”部分拍照上传至学习平台，看看你在本节学习中取得了哪些收获吧！

考一考

你有2分钟时间完成题库中的5道选择题，加油！系统得分：__________分。

第二章

走进大学——新生小明

“胜日寻芳泗水滨，无边光景一时新。”在辅导员一句热情的“欢迎”声中，小明的大学生活正式拉开帷幕。和其他大学生一样，小明的大学生活以军训作为开端：烈日下的挺拔军姿、雨中的整齐正步、中暑后室友递来的一瓶药、食堂里让人吃不惯的辣椒，还有操场上一首首嘹亮的军歌……初入大学，小明感触颇多。军训汇报演出结束后，按照辅导员的要求，小明打算写一篇军训总结。那么，什么是总结？总结包含哪些构成要素？如何才能写好一篇军训总结呢？接下来，让我们和新生小明一同学习。

第一节　总结

听一听

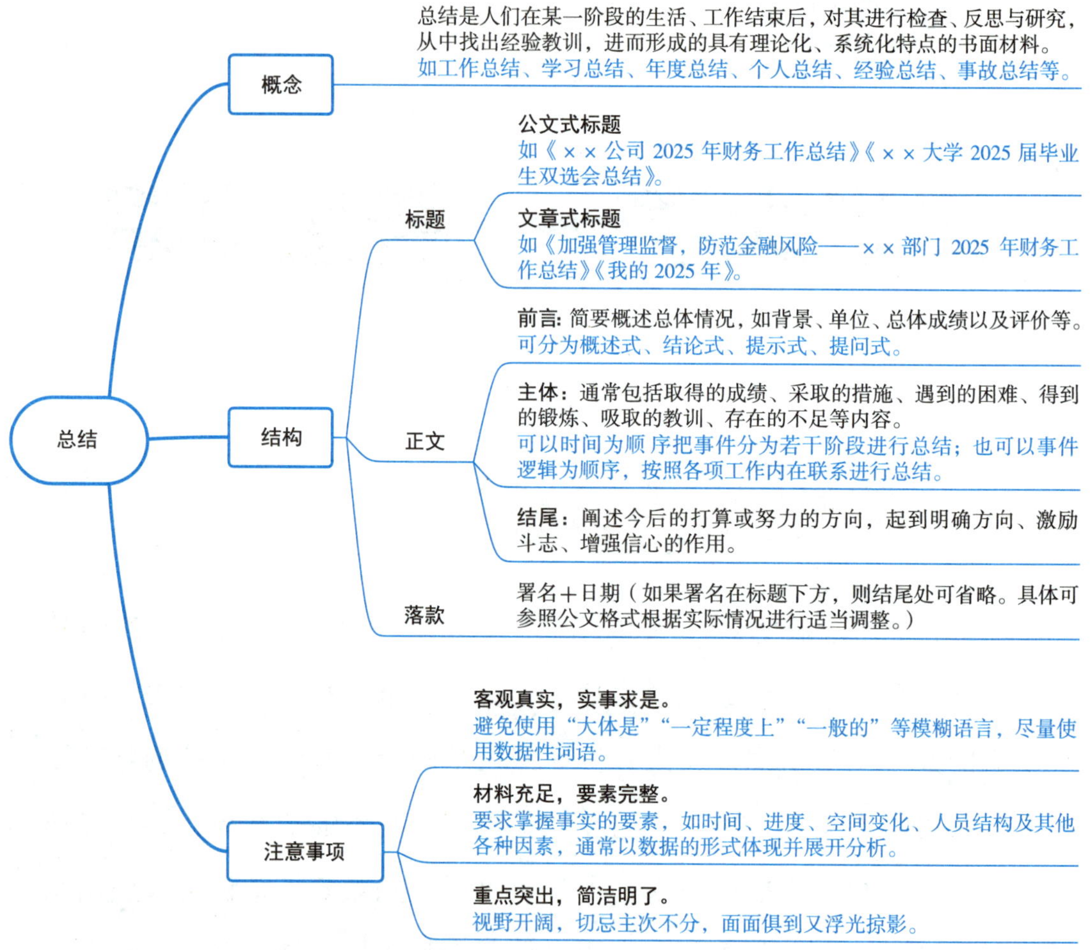

看一看

范文1

我的大一

窗间过马，弹指一挥，大学一年级已悄然结束。回顾这一年，我心潮澎湃，感慨与收获满满。从知识汲取到实践探索，再到人际交往的拓展，每一步都为我打开了新的视野。以下是我对本年度的全面总结，涵盖个人思想成长、学业成绩、校园生活体验、存在的问题与挑战，以及二年级规划与展望等方面。

一、思想成长

入学以来，我的思想成长主要体现在以下两个方面：

（一）价值观的成熟

随着年龄的增长，我的同理心逐渐增强，能够更好地理解他人。因此，在大一期间，我能够更好地处理人际关系，建立更为健康、积极的人际交往模式。我提高了情绪管理能力，对社会现象和问题有了更深刻的认识，增强了社会责任感和道德意识，形成了更加稳定且全面的价值观。

（二）精神境界的提升

为了追求更高层次的精神满足和自我实现，我积极向党组织靠拢，认真学习马克思列宁主义、毛泽东思想、邓小平理论、“三个代表”重要思想、科学发展观、习近平新时代中国特色社会主义思想等政治理论，最终成为入党积极分子。我力求在学习、劳动、工作及其他社会活动中发挥模范作用，增强党性原则，按照党员标准严格要求自己，虚心向身边的党员学习，并定期向党组织汇报思想。

二、学业成绩

（一）学业成绩

本学年，我延续了高中时期积极向上的学习态度，通过不懈努力，成绩稳步提升。在专业必修课的学习中，我凭借平均85分的成绩，荣获年级专业一等奖学金。这一成绩，既是对我专业知识掌握程度的肯定，也是对我学习方法的认可。同时，我也积极参与选修课程的学习，拓宽了专业知识面，为未来的专业发展奠定了坚实的基础。

（二）课程实践

我深刻认识到理论与实践相结合的重要性。在车辆工程专业导论课程和机械设计基础课程中，通过实验实践、小组讨论和论文写作等形式，我学会了将书本知识应用于解决实际问题，这些经历激发了我对专业领域的浓厚兴趣。此外，我还掌握了汽车相关的文案写作和艺术设计理论知识，进一步丰富了学科视野。

三、校园生活体验

（一）人际交往

在人际交往方面，我积极主动地与室友及同班同学建立良好的关系，在生活和学习上互相帮助，共同进步。此外，我还通过社团活动和竞赛结交了许多志趣相投的学长学姐，与其他学院甚至外校的同学建立了友谊，并向他们请教学习和生活上的问题。我期待以一颗真诚之心去面对生活，在与人交往中认识自我，同时认识更广阔的世界。

（二）校园活动参与

大一期间，我积极参与了多项校园实践活动。我加入了辩论社，并在社团活动中贡献了自己的力量。我参与组织的校园第二届辩论大赛不仅丰富了同学们的课余生活，也促进了社团成员之间的交流与合作。作为团队的一员，我秉持团结协作的精神，与队友共同面对挑战，共同成长。此外，我还参加了大学生计算机设计大赛，在团队合作完成的项目中负责PPT制作和文案部分的工作，最终我们获得了省级一等奖，并被推荐参加国家级比赛。这次经历不仅锻炼了我的团队协作能力和项目管理能力，也让我学会了在高压环境下保持冷静，并高效执行工作。

四、存在的问题与挑战

回顾这一年，我在很多方面都有了显著成长。我具备了独立思考和解决问题的能力，不再轻易被困难打倒；我学会了更加自信地表达自己，勇于展现自己的才华和想法；我也学会了感恩与回馈，珍惜身边的人和事，努力成为一个对社会有用的人。

然而，我也意识到自身存在的问题与挑战：在学业方面，英语是我的弱项，尤其是听力与写作部分；在选修课的选择上缺乏明确目标，导致部分课程成绩不理想。此外，在个人成长方面，我缺乏明确的全方位生涯规划，时常陷入忙乱状态。

五、二年级规划与展望

针对上述问题与挑战，我对二年级的校园生活做出如下规划：

在学业方面，我将加强英语学习，努力通过英语四级考试，并备考英语六级；同时，我将尝试制定大学生活规划，设立毕业目标，并将三年规划细分为三个阶段，明确二年级的学业任务。

在生活方面，我将争取在校内组织并参与更多有意义的活动。此外，我还将积极寻找校外实践机会，尤其是实习机会，以拓宽视野、增长见识。

2024级智能车辆工程专业小明

2025年5月31日

范文 2

横州市人民政府办公室2023年度工作总结和2024年工作计划

2023年，横州市人民政府办公室（以下简称“市政府办”）在市委、市政府的坚强领导下，紧紧围绕全市大局和市委、市政府的中心工作，尽心尽力当参谋，兢兢业业办服务，顾全大局抓协调，尽职尽责促落实，扎实完成了各项工作任务，有效促进了市政府各项工作的协调推进、有序运转。现将2023年工作总结如下。

一、2023年工作总结

（一）“学”字当头，思想根基进一步夯实

始终坚持以习近平新时代中国特色社会主义思想为指导，以主题教育为契机，坚持用习近平新时代中国特色社会主义思想凝心铸魂，认真学习贯彻习近平总书记对广西“五个更大”重要要求、视察广西时的“4·27”重要讲话精神和对广西工作系列重要指示精神，深入贯彻落实习近平总书记对广西的重大方略要求，深刻领悟“两个确立”的决定性意义，不断增强“四个意识”、坚定“四个自信”、坚决做到“两个维护”，在政治上、思想上、行动上始终同以习近平同志为核心的党中央保持高度一致。年内组织召开市政府办党组会议、学习会共计12次，及时跟进学习习近平总书记最新重要讲话和指示批示精神，深入学习贯彻习近平总书记对新时代办公厅工作作出的重要指示精神，始终牢记主题教育“学思想、强党性、重实践、建新功”的总要求，把主题教育成果转化为推动“三办”“三服务”工作高质量发展的实际成效。

（二）“效”字为重，工作质效进一步提升

周备严谨，做好办文办会工作。全力推行收文预先审核制，完善文件、纪要的“多级复核”签审流程。在办文上，坚持规范、精简的原则，严格公文审核把关，及时处理上级来文、乡（镇）和部门的请示或报告，编发会议纪要61件；退回本级各部门不合格公文717次，有力维护政府公文的严肃性和权威性。在办会上，坚持高效、精细的原则，严格执行会议审批制度，对全市性的重要会议、大型会议实行提前审批；严肃会风会纪，严格执行会议请假制度，年内召开会议217次。严格落实值班值守制度，确保紧急事项及时处理、各项工作有序高效运转。

周到细致，做好后勤服务工作。围绕“三办”“三服务”工作，聚焦高效、优质，以“后勤不后、服务争先”的姿态，不断提高政府办后勤服务保障水平。一是严格按照责任分工，落实主任或副主任牵头、有关部门参与、后勤工作人员全力保障的筹备机制，充分考虑每一个细节，高标准完成各项服务保障工作。全年服务市领导深入基层调研超过1000次，没有出现较大纰漏或重大失误。二是加强与各部门之间的沟通与协作，全面把握横州市发展形势，全面落实市委、市政府工作部署，充分体现领导意图，牵头组织起草《政府工作报告》等大量文稿材料，为市政府决策当好参谋助手。三是加强政务信息报送，及时反馈工作动态，积极服务上级决策，全面组织政务信息和舆情报送工作，聚焦经济、民生热点，及时准确系统地收集、选编各类信息，充分发挥了政务信息工作为服务领导、服务工作的“左右手”作用。全年累计承办上级部门“反映问题及建议”类约稿143条，以横州发展为切入点，积极报送针对性强、指导面广的经验信息共40余条，围绕茉莉花“1+9”产业等改革工作，报送亮点信息9条以上；广西壮族自治区人民政府办公厅、南宁市政府办公室分别采用272条和130条，其中国务院办公厅单采信息1条，政务信息工作实现质量与数量双提升。

周密高效，做好统筹协调工作。充分发挥市政府办的协调职能，推动市委、市政府的决策更好地落地见效。在服务推动重大项目方面，用好与区市沟通、会商、协调机制，服务推动平陆运河（横州段）建设、平陆运河新城（新福镇）规划、南宁东部新城建设等，走访服务比亚迪、太阳纸业等重点企业，协调合力解决项目用地、融资等问题。在开展“三大纠纷”调处工作方面，全年共开展矛盾纠纷排查12次，共受理“三大纠纷”案件50件，通过调处解决土地纠纷面积865亩、山林纠纷面积2636亩，挽回经济损失1027万元。此外，现代农业产业园管理中心、市场开发服务中心的工作也有序开展。

周全专业，做好服务群众工作。通过市人民政府门户网站公开规范性文件以及涉及公众利益调整、需要公众广泛知晓的其他文件，并采取文字、图解、视频、新闻发布会等多种形式开展解读，做到政策文件与解读材料双向链接，切实保障人民群众的知情权、参与权、表达权和监督权。受理并公开办理人大代表议案建议112件、政协提案104件，办复率均为100%。持续完善政务“三公开”管理体系，年内主动公开政府信息9581条，发布政策解读25份，政府门户网站访问量达146.7万次，同比增长74.6%，总浏览量达223.5万次。

（三）“廉”字为绳，作风建设进一步加强

压紧压实主体责任。市政府办领导班子落实“一岗双责”，带头严守中央八项规定及其实施细则，落实全面从严治党主体责任，将全面从严治党主体责任落实分解到个人和相关股室，形成主要领导亲自抓、分管领导配合抓、各股室直接抓的责任网络，使党风廉政建设横向到边、纵向到底。严格落实汇报请示制度和民主集中制，评优推荐、股室分工、人事议题等重要事项均由班子集体决策。

巩固传承清廉作风。充分运用监督执纪“四种形态”，狠抓党内基本制度、政治生活落实，严肃认真开展好“三会一课”、谈心谈话等工作。坚持执行“三重一大”决策等制度，坚持以制度管人管事，优化调整办公室各股室人员，激发年轻干部活力。严控“三公”经费支出，树牢“过紧日子”思想，压缩行政运行成本，集中财力保重点、办大事。

常抓意识形态教育。坚持把全面从严治党列入市政府办党组会议重要内容，纳入支部学习教育内容，通过召开党组会、学习会、办公室全体成员工作会等形式，深入学习贯彻习近平法治思想，强化全体党员干部的制度意识和法治思维，持续抓好党风廉政教育和法制教育。不定期组织开展各类典型案例警示教育，筑牢“防”的堤坝。同时，深入学习贯彻习近平生态文明思想，牢固树立“绿水青山就是金山银山”的发展理念，带头践行垃圾分类、光盘行动等勤俭节约、绿色低碳的生活方式。

此外，保密、电子政务内网和分级保护、公共节能、值班值守、电子化办公等工作扎实推进，政府办各项工作迈上新台阶。

二、存在不足

一年来，办公室工作取得了良好的成绩，但深入剖析还存在一些不足，主要表现在：一是超前谋划工作的意识还不够强，深入基层开展调查研究还不够常态化；二是工作效率和服务质量还需进一步提高，办文办会的质量还有待进一步加强；三是党建工作与业务工作深度融合不够，创新性不足。

三、2024年工作计划

略

横州市人民政府

2023年12月20日

（https://www.gxhx.gov.cn/xxgk/xxgkml/jcxxgk/ghjh/NDJH/t5941278.html）

？想一想

各小组分析范文后，选择一个题目，允许上网查询，完成课堂独学。

题目一：对于个人来说，写总结有哪些意义？

题目二：思考数据在总结中的重要作用。

组建学习小组，同学们互相分享各自的独学成果，并请同学们帮忙润色文稿。同时，记录下同学们独学思考中的闪光点和教师点评给予你的启发。

改一改

瑕疵案例1

学生会工作总结

院学生会成立以来，举办了一系列的活动，都取得了较好的成绩。通过各部的相互努力，我们获得了不少经验。现总结如下：

一、团结创新，尽现丰富多彩的课余生活

1.庆祝××系成立之时，我们学生会举办了一次“邀明月，共成长，师生同欢”茶话会。××系部分老师和我系全体教师以及各班班委参加了此次茶话会。会中老师同学纷纷登台献艺，一步步把晚会推向高潮。此次茶话会是对我们学生会的第一次考验，通过此次活动，大大拉近了教师与同学间的距离，加深了相互间的了解，同时也增加了学生会的凝聚力，树立了良好的学生会集体形象。

2. 举行英语口语选拔赛。

为了提高同学们的学习热情，激发同学们对英语学习的兴趣，提高大家的口语表达能力，我们举办了“英语口语选拔赛”活动。对于这次活动同学们表现出极大的兴趣，都积极踊跃地参加，竞赛场面异常活跃。一批英语基础好、口语表达能力好的同学从中脱颖而出。23级电商2班的××同学在××市“大学生英语口语比赛”中获得了第一名的成绩。

3. 举办学习经验交流会。

十月下旬，为了让新同学尽快适应大学的学习生活，顺利地完成高中到大学的过渡，学生会举办了“学习经验交流会”。请2022级学习成绩优异者向新生介绍了学习经验，并回答了同学们提出的问题。这次交流会对于新同学们尽快找到适合自己的学习方法起到了较大的促进作用，受到大家的一致好评。

二、深入学习党的二十大精神，提高了学生的政治修养。

为了学习中国共产党第二十次全国代表大会会议精神，学生会协助党团总支举办了“迎接，诠释新力量”党史知识竞赛活动。此次活动共分两部分，首先是“党史知识百题问答”，该活动共发出问卷420份，回收率达99%。从回收问卷的答题情况看，同学们都能认真答题，达到了在同学中进一步加强党史知识教育的预期目的。第二部分是以班级为单位组队竞赛，竞赛的基本范围是1000道党史知识问答题。为了准备此次竞赛，各班都做了充分的准备，有的同学甚至将所有的问答题背诵了下来。最后，23级财务管理2班以优异的成绩取得了竞赛第一名。这一活动不仅丰富了同学们的课外生活，还使大家在极大的兴趣中上了一次生动的党史知识课，加深了同学们对中国共产党的感情，大大提高了党在同学们心中的地位。同时，在此次活动中还特别邀请了××大学经济管理学院学生会和党、团总支负责人，迈开了两校联谊的第一步。院系领导对这次活动给予了高度评价。

三、尽职尽责，学生会永远是同学们的勤务员

院学生会全体成员在工作中不断寻找自身差距，努力做好本职工作。大家在思想上渴求进步，工作能力上渴求提高，这一切都在各项活动中得到了体现。生活部的卫生检查、发放补助、火车票征订，宣传部的板报与橱窗的设计与绘制，无处不体现了这一点。体育部的校园篮球运动员选拔赛、新生杯足球对抗赛、拔河比赛以及文艺部的“英语节”系列活动都取得了不错的成绩。也正是这样，学生会活动才一切以同学们的根本利益为出发点，才获得了同学们的信任，使我们的集体保持了更加旺盛的生命力、更强的战斗力。

学生会是为同学服务的窗口，是老师与同学交流的纽带，我们深知肩上责任的重大，深知自身的不足。收获是喜悦的，与此同时我们也种下了希望的种子。新的学期新的征程，我们要在工作中不断发现自身的不足，找出差距，取长补短，认清自己的目标，明确我们的发展方向。我们相信通过努力，在新的征程中一定能取得更加辉煌的成绩。

瑕疵案例2

××乡上半年工作总结

半年来，本乡在精神文明和物质文明方面做了许多工作，取得了很大成绩。半年来，主要做了以下工作：安排、落实全年生产计划；推行、落实承包责任制；帮助专业户发展；修建乡下小学校舍；建乡食品厂方便面生产车间厂房；推销乡果脯厂、食品厂、编织厂的产品；为乡机械厂解决原材料不足问题；美化环境，街道两旁栽花种草；封山植树；办了一期果树栽培技术培训班。

半年来，在工作繁杂，头绪多而干部少的情况下，能做这么多工作，主要是：

一、上下团结。乡领导和一般干部都能同甘共苦，劲往一处使。工作中有不同看法，当面讲、共同协商。互相间有意见能开展批评与自我批评，不犯自由主义。

二、不怕困难。本乡企业刚刚起步，困难很多，技术力量薄弱，原材料不足；产品销路没有打开；等等。为此，经管科的同志和全乡干部共同想办法，他们不怕跑路、放弃自己的休息时间，忍饥挨饿受冻，四处联系，终于解决了今年所需要的原料，推销了一些产品。

三、领导带头。乡的几位主要领导带头苦干，实干。他们白天到下边去调查了解情况、解决问题，晚上开会研究问题，寻找解决的方法。领导干部夜以继日地工作，带动了全乡工作。

××乡人民政府

练一练

请你结合大一新生小明的实际军训经历，按照辅导员的要求，以小明的名义撰写一篇符合总结写作规范、要素完整的军训总结。

晒一晒

请与同学交换并修改各自的“练一练”作业，根据教师的点评意见再次修改。完成修改后，将你的初稿、修改稿、定稿，以及“独学思考”“亮点闪闪”“改一改”部分拍照上传至学习平台，看看你在本节学习中取得了哪些收获吧！

考一考

你有2分钟时间完成题库中的5道选择题，加油！系统得分：____________分。

第二节　计划

听一听

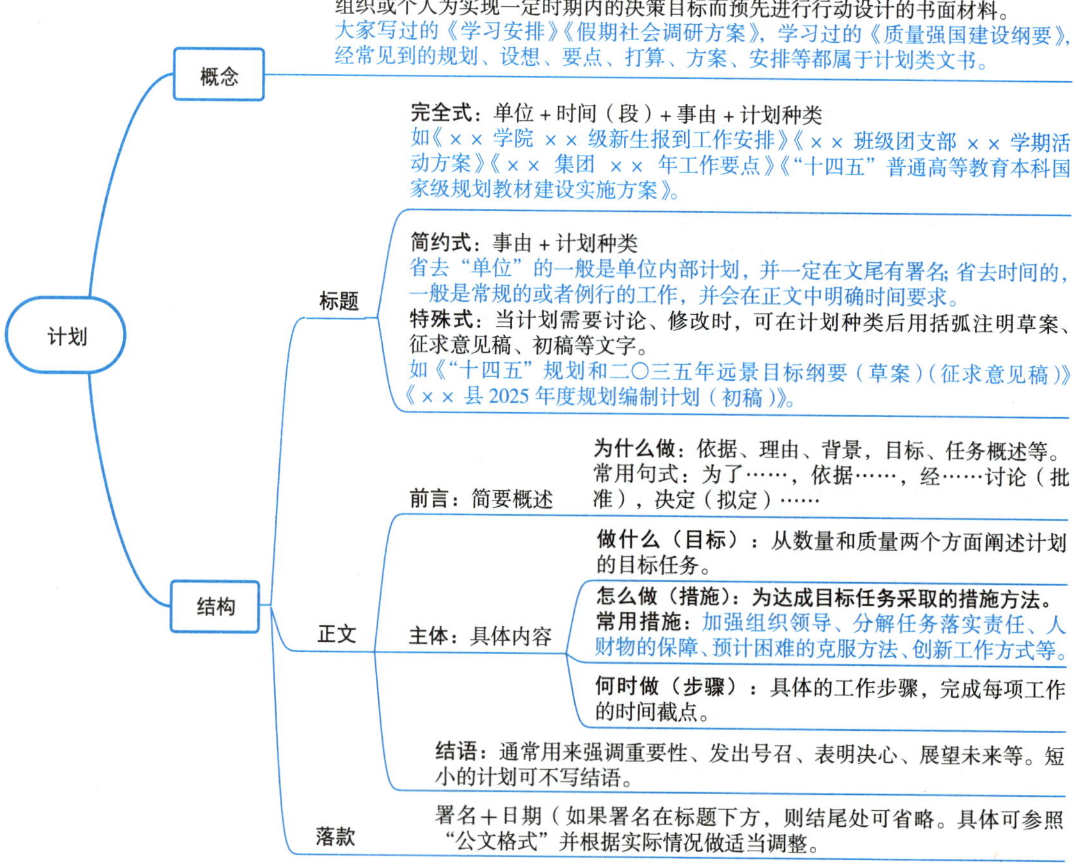

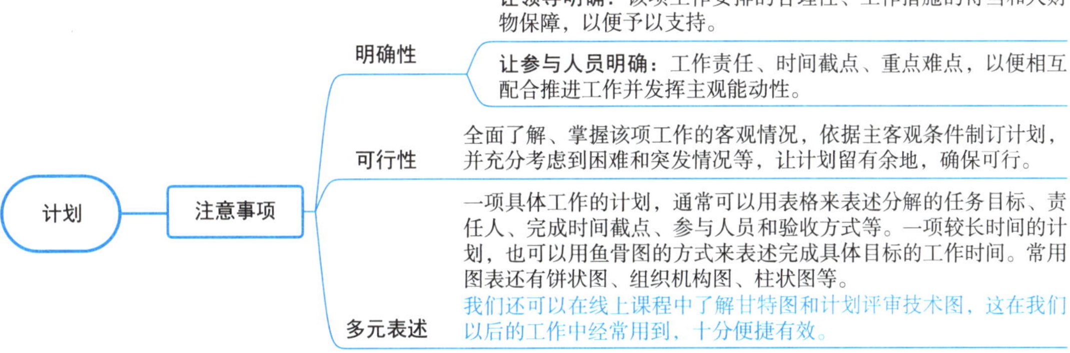

范文1

山海大学汽车工程学院2024级学生中秋节活动安排

中秋节作为中国传统的重要节日，承载着丰富的文化意蕴，有着悠久的赏月思乡的传统。经学生科提议、院委会商议，决定召集本院2024级全体新生于9月17日（农历八月十五）19:30于青春馆顶楼多功能场地举办“望月•团圆”中秋活动。具体安排如下：

一、活动目的

中秋之际，学院组织全体新生开展集体活动，一是缓解新生的思乡之情，让新生感受到集体的温暖与学校的关爱；二是加强传统文化的教育和传播，引导学生念亲恩、树责任；三是在新生中促进不同专业学生的沟通，进一步加强融合，为跨专业学习交流奠定基础。

二、活动内容

（一）诗朗诵：苏轼《水调歌头》，全体新生和辅导员着宋制服饰朗诵。

（二）殷院长致辞：主题为《月圆人团圆——这里就是同学们的家》。

（三）歌曲串烧：《相约在月圆时节》《花好月圆夜》《明月千里寄相思》《月光》《爷爷为我打月饼》，每个专业各选派一名学生代表参加表演。

（四）千里念亲恩：连接大屏幕，学院杨书记率先与老家的父母视频连线，专业带头人元教授也随即与外地求学的儿子视频连线，并共同号召全体新生与家人视频连线。

（五）中秋风俗谈：邀请博雅学院文学专业的李教授和全体学生互动，交流不同地方的中秋习俗。

（六）望月品月：准备月饼、水果、饮品，在《明月几时有》的音乐声中学生自主交流。

三、活动组织

<table>
<tr><th>序号</th><th>活动内容</th><th>负责人</th><th>准备工作</th><th colspan="2">完成时间及验收</th></tr>
<tr><td rowspan="3">1</td><td rowspan="3">诗朗诵</td><td rowspan="3">学生科辅导员韩梅梅</td><td>组织排练</td><td>9月14日学生科科长任爽检查</td><td rowspan="3">9月16日18:00现场彩排，学生科科长任爽检查</td></tr>
<tr><td>租赁古装</td><td>9月16日学生科科长任爽检查</td></tr>
<tr><td>化妆彩排</td><td>9月16日17:30完成</td></tr>
</table>

续表

序号	活动内容	负责人	准备工作	完成时间及验收
2	院长致辞	办公室主任 蒙南	致辞文案	9月10日提交殷院长 9月16日定稿
3	歌曲串烧	院学生会主席 李雷	选定代表	9月4日完成
			集中排练	9月7日（周六）、8日（周日）
			化妆彩排	9月16日18:15现场彩排，学生科科长任爽检查
4	千里念亲恩	办公室主任 蒙南	沟通内容	9月13日完成邀约 9月16日邀请嘉宾现场试连线
5	中秋风俗谈	院学生会主席 李雷	邀请嘉宾	9月9日完成邀约，若遇特殊情况向任爽科长汇报换人
			沟通内容	9月16日邀请嘉宾熟悉现场
			现场陪同	接送和全程陪同嘉宾
6	望月品月	办公室主任 蒙南	申报购买	9月9日完成审批手续
			联系后勤	9月17日14:00将月饼、水果和饮品送达现场
			整理摆台	9月17日组织人员切洗水果；18:00完成茶歇摆台
7	现场及设备	院学生会主席 李雷	场地申请	9月9日完成审批手续 9月16日完成清洁检查
			设备安置	9月16日完成投影设备和音响设备调试以及准备音乐 9月16日17:30学生科科长任爽检查
8	学生组织	学生科科长 任爽	组织安排	9月12日完成学生组织方案 9月17日19:00安排参加活动人员有序入场 9月17日22:00安排辅导员走访寝室
9	主持串词	院学生会主席 李雷	选主持人 写主持词	9月14日主持人完成主持词和音乐视频准备 9月16日17:30现场彩排，学生科科长任爽检查
10	宣传工作	办公室主任 蒙南	摄影摄像	从工作准备到活动结束进行图片花絮拍摄、现场全程录制 9月18日完成拍摄素材和活动资料的整理归档
			宣传报道	9月19日13:00完成宣传稿并向学校投稿

四、活动要求

本次活动为军训结束之后第一次全院新生活动，是本学期重要的大型学生活动，务必达到以下四点要求：一是严格按照学校相关规章制度进行申报和审批；二是详细安排每个环节的工作，确保组织有序；三是活动前进行安全教育、活动后进行查寝看望，确保安全第一；四是活动要有温度，办学生喜欢、有感悟、有收获的活动。

五、活动预算（略）

相信在全院师生的共同努力下，本次活动能给2024级新生们一个美好而有意义的中秋夜，成为同学们大学生活中最亮的记忆。

山海大学汽车工程学院
2024年9月1日

范文 2

成都高新区应急管理局2023年度应急管理综合行政执法检查计划

为全面推进依法治安，加强事中事后监管，根据《中华人民共和国安全生产法》《安全生产监管监察职责和行政执法责任追究的规定》《安全生产年度监督检查计划编制办法》和国家、省、市关于推广随机抽查规范、事中事后监管以及“双随机、一公开”的有关要求，结合全区安全生产工作实际，编制2023年度安全生产监督检查计划。

一、工作目标和主要任务

（一）工作目标。深入贯彻落实党的二十大精神，牢固树立安全发展理念，牢固树立安全生产“红线”意识和“底线”思维，坚持依法治安，以安全生产监督检查为抓手，强化严格规范公正文明执法，推动安全生产法律法规落实，促进生产经营单位依法履行安全生产法定职责，有效减少一般生产安全事故的发生。

（二）主要任务。制订重点检查计划，明确重点检查范围、检查频次和占年度监督检查的比例，加强重点行业、重点部位和重点时段监督检查，督促生产经营单位全面排查和及时消除各类安全隐患，提升本质安全水平；对重点检查范围以外的其他生产经营单位，采取“双随机”抽查方式开展一般检查，规范事中和事后监管，严厉打击各类安全生产非法违法行为，净化安全生产环境。

二、年度监督检查能力

2023年成都高新区应急管理局在册执法人员6人，据此建立了《2023年度成都高新区应急管理局随机抽查行政执法人员名录库》（附件1）。其中，应急管理综合行政执法大队有4人。按照国家安监总局“纳入计算行政执法人员数量的比例，县级安全监管部门不得低于在册人数的80%”和“专门执法机构不得低于在册人数的90%”的要求，我局年度实际参与监督检查的行政执法人员为5人。据此，测算出有关工作日分别是：总法定工作日1245个、监督检查工作日215个、其他执法工作日410个、非执法工作日620个。

实际开展执法检查时间为215个工作日。平均每次开展执法检查按2名执法人员为一组、每组每天检查1家生产经营单位计算，全年实际能够开展执法检查108家，按照近5年执法检查平均复查率25%估算，2023年成都高新区应急管理局应对81家生产经营单位开展执法检查。

三、重点检查安排

按照“重点检查的比例一般不低于60%”的要求，确定危险化学品生产经营使用、涉爆粉尘、涉氨制冷、工矿商贸以及直接监管范围内近三年发生较大生产安全事故（或一般生产安全事故提级调查处理）的生产经营单位49家为重点检查对象，按照所在区域、所属行业、检查事项、检查时间、实施主体和检查方式等有关内容，编制《2023年度成都高新区应急管理局重点检查计划》（附件2）。

四、一般检查安排

为避免出现重复检查或检查缺位的情况，在直接监管范围内确定随机抽查对象60家，建立《2023年度成都高新区应急管理局一般检查（随机抽查）名录库》（附件3）和《2023年度成都高新区应急管理局随机抽查事项清单》（附件4）。按照“双随机”抽查要求，

2023年将在该名录库中至少随机抽取32家被检查单位和有关事项开展一般检查。

五、工作日测算说明

（一）关于总法定工作日的测算。2023年法定工作日为249天，全局实际参与监督检查的执法人员为5人，2023年全局总法定工作日为：5×249＝1245个。

（二）关于监督检查工作日的测算。在全年总法定工作日1245个的基础上，减去其他执法工作日410个和非执法工作日620个，确定2023年监督检查工作日为215个。

（三）关于其他执法工作日的测算。根据近5年工作开展情况，按要求对开展安全生产综合监管、实施行政许可、组织生产安全事故调查处理、调查核实安全生产投诉举报、参加有关部门联合执法等方面所需工作日进行了测算，确定其他执法工作日为410个。

（四）关于非执法工作日的测算。根据近5年工作开展情况，按要求对2023年文件编写、文件报送及拟组织参加各类学习、培训、考核、会议、党群活动及值班、休假、其他领导交办的任务等所需工作日进行了测算，确定非执法工作日为620个。

六、监督检查要求

（一）强化执法统筹。建立健全执法检查统筹工作机制，加强对执法检查、综合监督、行政许可等监督检查工作的统筹，进一步提升监督检查效能，减少对基层和企业的影响。同时，按照安全生产分类分级执法工作的要求，统筹执法检查，实现差异化精准执法。

（二）严格重点检查。重点检查计划应当严格执行，新许可设立的企业或一般检查中发现符合《安全生产年度监督检查计划编制办法》第十一条规定条件的企业，应当纳入重点检查计划，并按照重点检查要求开展检查。

（三）规范检查程序。落实行政执法“三项制度”工作，推进安全生产监管执法信息更透明、程序更严谨、取证更规范、裁量更合规、过程全闭环，不断促进执法活动制度化、规范化。

（四）加强闭环管理。对检查中发现的有关违法行为，按照“现场记录、责令整改、照单复查、依法处罚、公示公开、规范案卷”要求，实行闭环管理。对情节轻微的违法行为要进行警告，并提出整改要求；对符合立案处罚条件的，应当按规定立案处罚；对通过行政处罚、整改仍难以达到安全生产基本条件的，要及时提请高新区管委会实施关闭。

（五）严格检查纪律。严格执行党风廉政建设有关规定，确保廉洁、公正、文明、规范执法；严格行政执法有关程序性规定，杜绝不作为或乱作为；严格按照确定的监督检查事项名称和内容组织实施；严格把握立案查处标准，杜绝“以改代罚”；严格落实“行刑衔接”工作制度，杜绝“以罚代刑”。

（附件略）

（https://www.cdht.gov.cn/cdht/c139670/2023-04/07/content_e96fc929089a4f92933f4f0b7ca9a795.shtml）

? 想一想

各小组分析范文后，选择一个题目，允许上网查询，完成课堂独学。

题目一：阅读范文1，如果你是学生会主席李雷，你能梳理一下自己的工作日程表吗？

题目二：阅读范文2，想想什么情况下使用附件。

题目三：在文字范围外，书写计划前是否要进行调研，主要调研什么内容？

组建学习小组，同学们互相分享各自的独学成果，并请同学们帮忙润色文稿。同时，记录下同学们独学思考中的闪光点和教师点评给予你的启发。

改一改

瑕疵案例1

英语学习计划

一、学习目标

（一）保证每天15分钟的听力训练。

（二）保证每天记忆20个单词。

（三）保证每周写一篇英语作文、做一篇阅读理解。

（四）端正学习态度，坚持不懈，在大一顺利考过英语四级。

二、学习措施

（一）准备一个单词本，把不熟悉的、记不牢的单词写在上面，利用走路、排队的时间背单词。

（二）多听英语歌，加强听力，加强语感。

（三）用好图书馆资料，多看英文原著。

（四） 坚持英语课前预习，课后整理笔记。

（五）多看英语语法书，夯实基础。

三、学习时间安排表

学习时间	学习内容	学习要求
每天7:30	背单词	20个单词
每天12:15	听英语新闻	至少一则新闻
每天21:30	看英语小说	60分钟
周六10:00	英语阅读训练	2篇
周日21:30	写英语作文	1篇

瑕疵案例2

××电子设备有限公司财务工作要点

……

二、年度工作要点

1.会计核算：进一步完善公司的财务核算体系；准确、及时处理公司账务；准确、及时编制公司财务报告；积极为公司生产经营决策提供准确、及时的财务信息。

2.资金管理：拟定年度资本预算和筹资计划，多措并举确保筹措公司生产经营资金；科学合理调度公司资金；加强库存管理和应收账款管理，及时、科学分析公司债权债务，为公司生产经营提供资金支持。

3.成本控制：进一步完善成本控制制度；指导各部门做好目标成本控制；严格审查各项费用支出，为公司开源节流做出贡献。

4.学习提升：不断推进财税政策、制度的学习，提升信息化水平；加强与各经营业务部门沟通，加强对二级机构的财务指导。

（结语略）

××电子设备有限公司财务科　卿秋

2025年1月12日

练一练

请你根据个人实际情况和学校本学期的课程情况，写一份本学期的体育锻炼计划。

晒一晒

请与同学交换并修改各自的“练一练”作业，根据教师的点评意见再次修改。完成修改后，将你的初稿、修改稿、定稿，以及“独学思考”“亮点闪闪”“改一改”部分拍照上传至学习平台，看看你在本节学习中取得了哪些收获吧！

考一考

你有2分钟时间完成题库中的5道选择题，加油！系统得分：__________分。

第三节　申请书

听一听

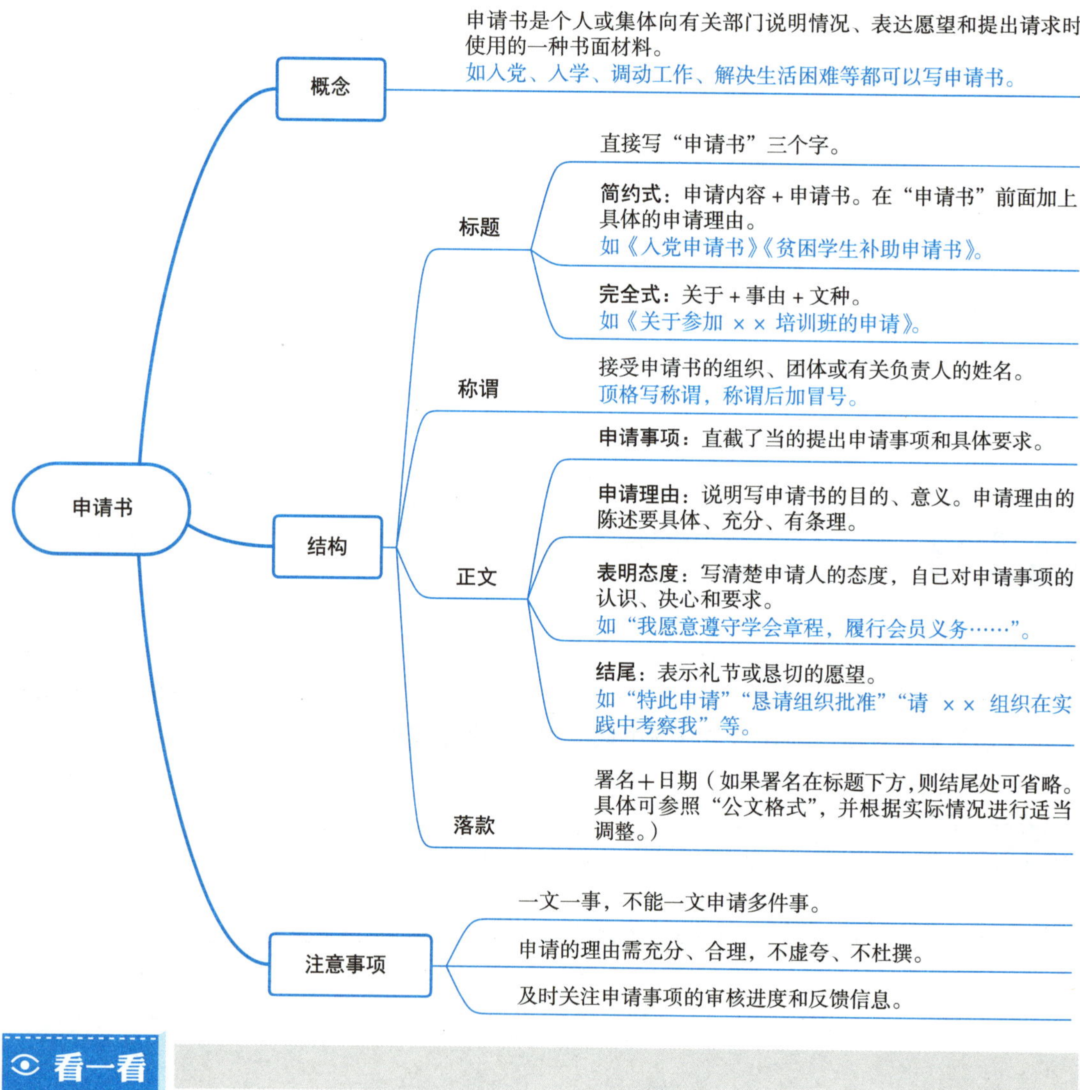

看一看

范文 1

转专业申请书

尊敬的学院领导：

您好！

我是小明，目前就读于我校2024级计算机专业1班，学号为2024001001，现申请转入

2024级智能车辆工程专业学习。在此，我诚挚地表达我对智能车辆工程专业的浓厚兴趣和强烈的学习意愿，并恳请学院能够批准我的转专业申请。

自进入大学以来，我一直对智能车辆工程专业抱有浓厚的兴趣。通过年的计算机专业学习，我逐渐认识到自己的兴趣和优势并不完全契合该专业的发展方向。经过深思熟虑，我决定申请转入智能车辆工程专业，以便更好地发挥自己的潜能，实现个人价值。

在计算机专业的学习过程中，我始终保持着良好的学习态度，获得了专业一等奖学金，并积极参与各类课外活动，锻炼了自己的综合能力。同时，我也积极了解并自学了智能车辆工程专业的相关知识，通过实践，初步掌握了该专业的一些基本技能。

我相信，在转入智能车辆工程专业后，我将能够更加专注地学习专业知识，充分发挥自己的优势，为未来的职业发展打下坚实的基础。同时，我也将努力克服学习过程中的困难，不断提升自己的综合素质，为学院和学校争光。

恳请学院能够考虑我的转专业申请，并给予批准。如有需要，我愿意提供更多相关证明材料，以证明我的申请意愿和实力。

再次感谢您在百忙之中阅读我的申请书，期待您的回复。

此致

敬礼

申请人：2024级计算机专业1班　小明

2025年5月10日

范文 2

离校实习申请书

尊敬的学校领导：

您好！我是2022级计算机专业2班的陈洪斌，因我已找到实习单位——××科技有限责任公司，并经家长同意，特此向学校提出离校实习申请，恳请学校领导批准。在实习期间，我将严格要求自己，努力做到以下几点：

第一，严格遵守实习单位的规章制度，认真履行实习协议，努力为实习单位留下良好印象；

第二，遵纪守法，维护学校形象，绝不做违纪违法的事情，并且注意个人安全；

第三，严格按照学校安排的时间回校参加考试，并定期主动以书面或电话形式向班主任汇报实习工作情况。

感谢学校对我的悉心培养，我真诚地祝愿母校在未来的发展道路上能够一帆风顺，再创佳绩，为更多有志学子搭建成长平台，助力他们实现人生价值。最后，再次感谢学校对我们的谆谆教诲和辛勤培育。

此致

敬礼

2022级计算机专业2班　陈洪斌

2024年6月15日

? 想一想

各小组分析范文后，选择一个题目，允许上网查询，完成课堂独学。

题目一：个人申请书与集体申请书有哪些异同？

题目二：梳理办理申请事项的流程，思考申请书的作用。

独学思考

组建学习小组，同学们互相分享各自的独学成果，并请同学们帮忙润色文稿。同时，记录下同学们独学思考中的闪光点和教师点评给予你的启发。

改一改

瑕疵案例1

入党申请书

尊敬的老师：

我是一名刚上大一的学生，出生在一个平凡而勤劳的农民家庭，有良好的读书环境，有优秀的老师，有社会各界的帮助，使我在和平的环境中成长。

中国共产党是中国工人阶级的先锋队，同时是中国人民和中华民族的先锋队。她的宗旨是全心全意为人民服务。中国共产党是中国特色社会主义事业的领导核心，代表中国先进生产力的发展要求，代表中国先进文化的前进方向，代表中国最广大人民的根本利益。

可能是耳濡目染了革命前辈对党的执着追求的原因，我从小就树立要加入中国共产党的远大志向，并且一直持续到今天。在不断学习、努力工作和为之奋斗的漫长过程中，我从最初的想当英雄，入党光荣的幼稚的感性认识，逐步上升到为共产主义奋斗终身的理性认识阶段。可以说我唯一的入党动机就是全心全意为人民服务。

如果我能够被批准入党，那么我在以后的生活中一定会对自己的要求更加严格，在学习上更加努力，使自己成为一名真正的、名副其实的共产党员，并在将来的工作中尽职尽责，以国家、人民利益为重，为社会主义事业的发展作贡献。若是党组织认为我还有不足之处，还不能成为一名合格的共产党员，我也不会因此而灰心丧气，我会诚恳地接受党组织的建议反思自己的不足，并在以后的生活中不断地改进，努力完善自我，使自己能够具备成为中国共产党的条件，而在来年再申请。

此刻我向党组织提出申请，知道自身有很多不足，所以我更希望党组织培养与教育，使我有更大的进步。我也会用党员标准要求自己，努力克服缺点，认真学习，争取早日加入党组织。

此致

敬礼!

2025年×月×日

申请人：×××

瑕疵案例2

工博会志愿者招募申请书

尊敬的工博会组委会：

您好！我怀着无比激动的心情，向您提交我的工博会志愿者招募申请书。作为一名热爱祖国、热爱科学、热心公益事业的青年，我深知CIIF作为国际性的盛会，对于展示中国工业体系的完整生态与技术突破、观察全球制造业趋势具有重大意义。因此，我希望能够成为2025年工博会的一名志愿者，为这一盛事贡献自己的力量。

首先，请允许我简要介绍一下自己的基本情况。我名叫×××，男，22岁，目前就读于×××大学，英语教育专业。其次，我热爱祖国，作为一名中国人，我深感自豪。工博会作为展示我国综合国力的重要平台，我愿意为祖国争光，为我国的发展贡献自己的力量。

我热爱科学，常怀探求真理之心。在人文褶皱里埋着科学的种子，实验室的严谨与文采的飞扬，本就是对真理的合奏。我还热心公益，我始终认为，一个人的价值在于他为社会做出的贡献。所以我申请成为本次工博会志愿者。

感谢您花时间阅读我的申请书，期待您的回复。

×××

日期：2025年×月×日

练一练

请你根据个人实际情况写一篇社团负责人竞选申请书。

晒一晒

请与同学交换并修改各自的“练一练”作业，根据教师的点评意见再次修改。完成修改后，将你的初稿、修改稿、定稿，以及“独学思考”“亮点闪闪”“改一改”部分拍照上传至学习平台，看看你在本节学习中取得了哪些收获吧！

考一考

你有2分钟时间完成题库中的5道选择题，加油！系统得分：__________分。

第四节 读书笔记

听一听

读书笔记

- 概念
  - 在阅读中，对书中的名言警语、新颖材料进行摘录抄写，或对书中的内容要点进行归纳，或记下自己的心得体会，都可以称之为读书笔记。
    读书笔记类别：摘录式、批注式、提纲式、心得式。
- 结构方法
  - **摘录式**：主要摘录书籍、杂记、调查报告、文书档案等与自己学习钻研内容有关的原始材料。
    主要结构：摘抄内容 + 书名（材料题目）+ 作者 + 出版信息 + 页码 + 摘录日期。
  - **批注式**：用简短的文字做扼要的提示批注，起到提醒注意、指明思考重点和方向的作用。
    主要结构：划出精彩、生动、关键性的词句和段落 + 在旁注明符号；摘抄重点内容 + 评论，或提出自己的思考及批评性观点。
  - **提纲式**：用纲要的形式抄录和总结一本书或一篇文章的论点或基本内容。
    目录、章节标题以及前言会帮助我们总结概括一本书或一篇文章的主要内容。
  - **心得式**：将自己读书之后的收获、心得、体会或认识等，联系自己的生活实际写下来。心得式也称为读书体会或读后感。
    主要结构：作品概况 + 观点心得（紧密联系主题多角度、多侧面表达自己的阅读感受）。
- 注意事项
  - 读书心得的撰写应该以个人与作品的共鸣为触发点，结合个人感悟来书写。
  - 读书笔记对概括能力要求较高，所以需要注意对作品内容的整体把握。
  - 做读书笔记过程中注意思维导图的运用，可将主要观点、人物关系、事件发展进行可视化整理，形成网状结构，帮助记忆并促进思考。
  - 可以采用分类和标签等方法定期回顾和整理读书笔记，便于日后查阅和应用。

看一看

范文1

《平凡的世界》读后感

《平凡的世界》是作家路遥创作的一部以20世纪七八十年代为背景的现实主义小说。

作品以孙少安和孙少平两兄弟为中心，描写了芸芸众生在时代巨变面前的生活与追求。作者以一颗悲悯之心关注每一个普通人，关注他们的劳动与爱情、挫折与追求、痛苦与欢乐。

有人说："一本好书如一个世界，可以让我们领略多彩而参差的人生。"打开《平凡的世界》，我仿佛穿越时空，又好似站在时代的画卷面前：黄土高原，漫漫黄沙，雄浑且壮美。我看到了那个特别的历史时期，看到了贫瘠却又充满旺盛生命力的双水村。这是一个处于城乡交叉地带的村庄，在改革开放的时代巨变面前，它走过了贫瘠、落后与固执，走过了犹豫、困惑和迷茫，徐徐走向追求、跨越与新生。"世界有如海洋，时代有如劲风"，当无数生命勇立潮头，个人命运与国家命运交织时，我深受震撼，心潮激荡。站在波澜壮阔的改革浪潮前，我感慨生命虽微如尘埃，但也贵若星辰，我们可以直面历史、改造当下，更可以创造未来。

有人说："一本好书如一盏明灯，指引远航者的前程与归途。"《平凡的世界》这盏灯，仿佛把我引到了20世纪某一天双水村的一间屋子外，我听到田晓霞对高中毕业回家务农的孙少平说："少平，你要记得，你与其他人不一样，你是一个有另外世界的人，你的心不应该只在这儿，而在远方，那个充满光的地方。"此刻，我十分动容，为书中人物的苦难与奋斗、抗争与理想、不屈与坚持而动容。他们的生命之灯燃起了踟蹰者的斗志，照亮了远行者的路途，也给每个蹒跚前进的人带来无数温暖和慰藉。我想，我也可以像他们那样，追逐光、靠近光、成为光。

有人说："一本好书如一面镜子，审视灵魂、照耀灵魂、慰藉灵魂。"《平凡的世界》不仅是一部现实主义小说，更是一部关于成长、关于梦想、关于爱的教科书。它教会我们，无论时代如何变迁，保持对生活的热爱、对梦想的追求，以及面对困难时的坚韧不拔，都是每个人实现自我价值、活出不平凡人生的关键。这部作品让我深刻体会到，平凡并不等同于平庸，每一个努力生活的人，都在以自己的方式书写着不平凡的故事。

范文 2

毛泽东读书的笔记和谈话

——读《西游记》

幻想的同一性

神话中的许多变化，例如《山海经》中所说的"夸父追日"，《淮南子》中所说的"羿射九日"，《西游记》中所说的孙悟空七十二变和《聊斋志异》中的许多鬼狐变人的故事等等，这种神话中所说的矛盾的互相变化，乃是无数复杂的现实矛盾的互相变化对于人们所引起的一种幼稚的、想象的、主观幻想的变化，并不是具体的矛盾所表现出来的具体的变化……神话或童话中矛盾构成的诸方面，并不是具体的同一性，只是幻想的同一性。

孙悟空是反官僚主义的英雄

中国也有上帝，就是玉皇大帝。他官僚主义很厉害。有个最革命的孙猴子反对过他专制。这个猴王虽经历了不少困难，像列宁被抓了去一样被人家抓去，后来他又跳了出来，大闹一番。玉皇大帝是很专制的，……一定会被打倒。孙行者很多，就是人民。

行善即除恶，除恶即行善

“千日行善，善犹不足；一日行恶，恶常有余。”乡愿思想也。孙悟空的思想与此相反，他是不信这些的，即是说作者吴承恩不信这些。他的行善，即是除恶。他的除恶，即是行善。所谓“此言果然不差”，便是这样认识的。

搞不清本质，就无法降妖

《西游记》上许多故事都讲到，开始时不知道是什么精在作怪，是蝎子精，还是蜘蛛精，还是从太上老君那里跑掉的一匹青牛？就是搞不清楚。只看现象，就搞不清本质；搞不清本质，就无法降妖捉怪。比如那条青牛，多厉害呀！（你们回去可请秘书找那个故事来看看）请来如来佛，他都没办法，他说他也不清楚，不是他那里的。玉皇大帝也没有办法。后来说到三十三重天的兜率宫那里去问问吧。老子住在这三十三重天上，不问政治，不参加玉皇大帝的国家组织，不作官，只炼丹，研究自然科学。结果是他的烧火娃娃青牛精偷跑下凡来作怪。查到这个原因，才整住他，请太上老君自己下来，把青牛收回去。这是讲《西游记》，单看现象是不能解决问题，要抓住问题的本质。

唐僧师徒的“个性”

中国历中上也有翻译工作，唐僧就是一个大翻译家，他取经回来后设翻译馆，就翻译佛经。

唐僧这个人，一心一意去西天取经，遭到九九八十一难，百折不回，他的方向是坚定不移的。但他也有缺点：麻痹，警惕性不高，敌人换个花样就不认识了。猪八戒有许多缺点，但有一个优点，就是艰苦。臭柿胡同就是他拱开的。孙猴子很灵活、很机动，但他最大的缺点是方向不坚定，三心二意……

(选自《毛泽东读书笔记精讲·文学卷》，陈晋主编，南宁：广西人民出版社，2017年)

？想一想

各小组分析范文后，选择一个题目，允许上网查询，完成课堂独学。

题目一：读书笔记有什么作用？

题目二：读书笔记的四种类别适合所有的阅读材料吗？

题目三：制作思维导图的工具有哪些？

组建学习小组，同学们互相分享各自的独学成果，并请同学们帮忙润色文稿。同时，记录下同学们独学思考中的闪光点和教师点评给予你的启发。

改一改

瑕疵案例1

《平凡的世界》读书笔记

“细蒙蒙的雨丝夹着一星半点的雪花，正纷纷淋淋地向大地飘洒着。时令已快到惊蛰，雪当然再不会存留，往往还没等落地，就已经消失得无踪无影了。黄土高原严寒而漫长的冬天看来就要过去，但那真正温暖的春天还远远地没有到来。”（第1部第1页）

“我们活在人世间，最为珍视的应该是什么？金钱？权力？荣誉？是的，有这些东西也并不坏。但是，没有什么东西能比得上温暖的人情更为珍贵——你感受到的生活的真正美好，莫过于这一点了。”（第3部第25页）

“青年，青年！无论受怎样的挫折和打击，都要咬着牙关挺住，因为你们完全有机会

重建生活；只要不灰心丧气，每一次挫折就只不过是通往新境界的一块普通绊脚石，而绝不会置人于死命。”（第3部第384页）

“对于一个进入垂暮之年的老者，我们大约可以对他进行某种评判；但对一个未成长起来的青年，我们为时过早地下某种论断，看来是不可取的。青年人是富有弹性的，他们随时都发生变化，甚至让我们都认不出他们的面目来。”（第2部第319页）

“有了希望，人就会产生激情，并可以一无反顾地为之而付出代价；在这样的过程中，才能真正体会到人生的意义。什么是人生？人生就是永不休止的奋斗！只有选定了目标并在奋斗中感到自己的努力没有虚掷，这样的生活才是充实的，精神也会永远年轻！”（第2部第355页）

瑕疵案例2

《西游记》阅读提纲

第一回　灵根育孕源流出　心性修持大道生

东胜神洲傲来国海中有个花果山，山顶上一仙石孕育出一石猴。石猴寻到名为“水帘洞”的石洞，被群猴拥戴为王。又过了三五百年，石猴根据一老猴指点，经南赡部洲到西牛贺洲，拜见须菩提祖师，被收为徒，起名孙悟空。

第二回　悟彻菩提真妙理　断魔归本合元神

悟空从须菩提祖师学得长生之道、七十二般变化及“筋斗云”。因悟空受众人挑唆，变为松树，引起须菩提祖师不快，被逐出洞。回到花果山，与占山妖魔厮斗取胜，带回被掳的众猴与物品。

…………

第一百回　径回东土　五圣成真

师徒四人回到长安，受到唐太宗和众官欢迎。唐太宗请唐僧去雁塔寺演诵经法。唐僧捧经登台，忽听八大金刚召唤，便腾空而去西天。如来授唐僧为旃檀功德佛；孙悟空为斗战胜佛；猪八戒为净坛使者；沙僧为金身罗汉；白龙马为八部天龙马。

练一练

请小组内召开读书会，分享你的读书笔记，也可以课后尝试将其制作成音频或视频分享到课程平台，与更多书友交流阅读心得。

晒一晒

请与同学交换并修改各自的“练一练”作业，根据教师的点评意见再次修改。完成修改后，将你的初稿、修改稿、定稿，以及“独学思考”“亮点闪闪”“改一改”部分拍照上传至学习平台，看看你在本节学习中取得了哪些收获吧！

考一考

你有2分钟时间完成题库中的5道选择题，加油！系统得分：____________分。

校园活动——社长小明

“实干方可立根本，践行才能成伟功”，小明深为自己所做的七言绝句感到自豪。古人陆游说“纸上得来终觉浅,绝知此事要躬行”，今人李书福说“走进校园是为了更好地走向社会！”大学不仅是学习知识的殿堂，还要注重锻炼沟通能力、时间管理、批判性思维和创新实践。大一时小明就加入了好几个社团，成为学生会的干事。到了大二，小明决定进一步提升自身综合素质。

第一节　演讲稿

- 演讲稿
  - 概念
    - 在特定场所、针对特定听众公开发表观点、见解和主张的讲话文稿。
    - 比如：1938 年，毛主席在延安抗日战争研究会上的演讲《论持久战》；2023 年 10 月 18 日，习近平总书记在第三届“一带一路”国际合作高峰论坛开幕式上的主旨演讲《建设开放包容、互联互通、共同发展的世界》。
  - 结构
    - 标题
      - 演讲稿的标题一般直接点明演讲的主题，要求简洁明了、准确概括演讲内容，能够吸引听众的注意力。
      - 比如：《奉献与成长：在付出中寻找幸福》《不忘初心，砥砺前行》。
    - 开场白
      - **引人入胜型**：包括故事叙述、引用名言、提出问题、数据事实等。
        比如：“感恩的心，感谢有你，伴我一生，让我有勇气做我自己”，在座的各位朋友，谁能真正把这句话读出来啊，我是一点都不能……
      - **建立联系型**：包括个人联系、听众联系等。
        比如：马丁·路德·金于1963年8月在华盛顿发表的演讲《我有一个梦想》：一百多年前，一位伟大的美国人签署了《解放黑人奴隶宣言》……然而一百多年后，黑人依然没有获得真正意义上的自由。
      - **设定预期型**：包括预告内容、展示价值等。
        比如：AI 写作是当下语文教师最爱讨论的话题，在这个智能时代，我们应该怎么看待 AI 写作？如何引导学生合理使用 AI 工具？教师应该怎么教？学生应该怎么学？今天，让我们来共同探讨这一话题……
    - 主体
      - 组织内容首要注意紧贴主题、层次分明、逻辑性强、衔接自然，同时兼顾对听众的吸引力。
      - 增强吸引力的方式有很多：采用反问引发听众思考，语言幽默，引用大家耳熟能详的金句名言，提到大家关心的事件热点，现场演讲注意和听众的互动等。
    - 结尾
      - 用于总结全文、强调重点、发出呼吁或提出希望等，通常起到深化主题的作用。
  - 注意事项
    - 对象化思维
      - **了解听众**：听众的年龄、身份、关注点和倾听需求等。
      - **吸引听众**：除了内容和语言外，现场演讲还可以通过表情管理、肢体语言、互动环节等方向吸引听众。
    - 实景演练
      - 包括语音、语调、语速的优化，表情和肢体语言设计等。

看一看

范文1

奉献与成长：在付出中寻找幸福

尊敬的各位老师、主席团成员、部长们：

大家下午好！

首先，感谢学校和学生会给予我这个展示自我的舞台和“推销自己”的机会。我是来自汽车学院智能车辆工程专业的小明。今天，我竞选的是学生会主席团成员。

我渴望加入学生会，因为它不仅是一个锻炼自我的平台，更是一个让梦想照进现实的起点。记得大一时，我带领班级组织了一场慈善义卖，那是一个充满挑战和温暖的旅程。我们不仅筹集了一笔可观的资金，更重要的是传递了爱与希望。当阳光透过树叶的缝隙，洒在我们忙碌的身影上时，不断有路过的同学停下脚步加入我们。那次经历让我深刻体会到，团队合作的力量是无穷的，为他人尽自己的绵薄之力是幸福的！我希望通过加入学生会，将这份力量和热情传递给更多的人。我要在这里用行动书写青春的篇章。

上学期我有幸加入学生会，任职外联部干事。我学会了如何联系赞助、应对晚会筹办中的突发情况，如何更好地服务同学、与人沟通，以达到双赢的目的。更重要的是，我深刻体会到了团队协作的力量，结识了许多校内校外的朋友，学习了学生会学长精益求精的工作态度和丰富的工作经验。

在迎新晚会的筹备中，我在外联部贡献了自己的力量——成功争取到了50套××礼品。争取赞助的过程并不容易。我遭遇了20次商家的拒绝，进行了10多次协商，撰写并修改了6个版本的宣传计划。这些挑战并没有击垮我，反而成为我成长的催化剂。这些工作推动着我的进步，让我更坚定了在学生会努力工作、不断成长的决心。

“兵马未动，粮草先行。”主席团，顾名思义，是校内校外、学校各部门以及师生之间良好关系的“坚实桥梁”，担负着承上启下、沟通信息的任务，对内对外都需要努力建立良好的协作关系。这要求学生干部具有较强的责任感和服务意识，高度的热情、积极性、主动性，以及良好的沟通表达能力、协调能力和亲和力。通过外联部一年的历练，我积累了一定的经验，锻炼了平衡协调各方面关系的能力，培养了良好的心理素质，能够很快熟悉和进入角色。

彼特拉克曾说过：“我是凡人，我只求凡人的幸福。”我想，要获得凡人幸福的要素之一是在生存的基础上，用无言和不求回报的行动奉献自己，温暖更多的人。我相信，在老师和各位主席、部长的支持下，凭借自己的信念与能力，我能够胜任主席团的职位！最后，希望各位投出宝贵的一票，给我一个“服务大家，快乐自己”的机会！

谢谢大家！

范文 2

国家主席习近平发表二〇二五年新年贺词

大家好！时间过得很快，新的一年即将到来，我在北京向大家致以美好的祝福！

2024年，我们一起走过春夏秋冬，一道经历风雨彩虹，一个个瞬间定格在这不平凡的一年，令人感慨、难以忘怀。

我们积极应对国内外环境变化带来的影响，出台一系列政策“组合拳”，扎实推动高质量发展，我国经济回暖向好，国内生产总值预计超过130万亿元。粮食产量突破1.4万亿斤，中国碗装了更多中国粮。区域发展协同联动、积厚成势，新型城镇化和乡村振兴相互融合、同频共振。绿色低碳发展纵深推进，美丽中国画卷徐徐铺展。

我们因地制宜培育新质生产力，新产业新业态新模式竞相涌现，新能源汽车年产量首次突破1000万辆，集成电路、人工智能、量子通信等领域取得新成果。嫦娥六号首次月背采样，梦想号探秘大洋，深中通道踏浪海天，南极秦岭站崛起冰原，展现了中国人逐梦星辰大海的豪情壮志。

今年，我到地方考察，看到大家生活多姿多彩。天水花牛苹果又大又红，东山澳角村渔获满舱。麦积山石窟“东方微笑”跨越千年，六尺巷礼让家风代代相传。天津古文化街人潮熙攘，银川多民族社区居民亲如一家。对大家关心的就业增收、“一老一小”、教育医疗等问题，我一直挂念。一年来，基础养老金提高了，房贷利率下调了，直接结算范围扩大方便了异地就医，消费品以旧换新提高了生活品质……大家的获得感又充实了许多。

巴黎奥运赛场上，我国体育健儿奋勇争先，取得境外参赛最好成绩，彰显了青年一代的昂扬向上、自信阳光。海军、空军喜庆75岁生日，人民子弟兵展现新风貌。面对洪涝、台风等自然灾害，广大党员干部冲锋在前，大家众志成城、守望相助。无数劳动者、建设者、创业者，都在为梦想拼搏。我为国家勋章和国家荣誉称号获得者颁奖，光荣属于他们，也属于每一个挺膺担当的奋斗者。

当今世界变乱交织，中国作为负责任大国，积极推动全球治理变革，深化全球南方团结合作。我们推进高质量共建“一带一路”走深走实，成功举办中非合作论坛北京峰会，在上合、金砖、亚太经合组织、二十国集团等双边多边场合，鲜明提出中国主张，为维护世界和平稳定注入更多正能量。

我们隆重庆祝新中国成立75周年，深情回望共和国的沧桑巨变。从五千多年中华文明的传承中一路走来，“中国”二字镌刻在“何尊”底部，更铭刻在每个华夏儿女心中。党的二十届三中全会胜利召开，吹响进一步全面深化改革的号角。我们乘着改革开放的时代大潮阔步前行，中国式现代化必将在改革开放中开辟更加广阔的前景。

2025年，我们将全面完成“十四五”规划。要实施更加积极有为的政策，聚精会神抓好高质量发展，推动高水平科技自立自强，保持经济社会发展良好势头。当前经济运行面临一些新情况，有外部环境不确定性的挑战，有新旧动能转换的压力，但这些经过努力是可以克服的。我们从来都是在风雨洗礼中成长、在历经考验中壮大，大家要充满信心。

家事国事天下事，让人民过上幸福生活是头等大事。家家户户都盼着孩子能有好的教育，老人能有好的养老服务，年轻人能有更多发展机会。这些朴实的愿望，就是对美好生活的向往。我们要一起努力，不断提升社会建设和治理水平，持续营造和谐包容的氛围，把老百姓身边的大事小情解决好，让大家笑容更多、心里更暖。

在澳门回归祖国25周年之际，我再到濠江之畔，新发展新变化令人欣喜。我们将坚定不移贯彻“一国两制”方针，保持香港、澳门长期繁荣稳定。两岸同胞一家亲，谁也无法割断我们的血脉亲情，谁也不能阻挡祖国统一的历史大势！

世界百年变局加速演进，需要以宽广胸襟超越隔阂冲突，以博大情怀关照人类命运。中国愿同各国一道，做友好合作的践行者、文明互鉴的推动者、构建人类命运共同体的参与者，共同开创世界的美好未来。

梦虽遥，追则能达；愿虽艰，持则可圆。中国式现代化的新征程上，每一个人都是主角，每一份付出都弥足珍贵，每一束光芒都熠熠生辉。

河山添锦绣，星光映万家。让我们满怀希望，迎接新的一年。祝祖国时和岁丰、繁荣昌盛！祝大家所愿皆所成，多喜乐、长安宁！

(https://www.news.cn/politics/leaders/20241231/223dba0aa84840bc8ebf2fdead34df9d/c.html)

？想一想

各小组分析范文后，选择一个题目，允许上网查询，完成课堂独学。

题目一：演讲稿和讲故事有什么区别？

题目二：成功的演讲需要做哪些演讲前的准备？

题目三：选择以上任意一篇范文，为演讲稿设计情态动作，并配合适当的语气、语调，在课堂上呈现。

组建学习小组，同学们互相分享各自的独学成果，并请同学们帮忙润色文稿。同时，记录下同学们独学思考中的闪光点和教师点评给予你的启发。

亮点闪闪

改一改

瑕疵案例1

尊敬的老师、主席、部长：你们好！

首先感谢你们给予我这个自我展示的舞台和推销自己的机会，站在这里，我感到非常自豪。

我叫小明，来自2025级××专业，今天，我将竞选的是学生会副主席。我性格开朗、热情、求实上进。过去实习和工作实践锻炼了我组织、参与和实践的能力，使我发现和解决问题的能力得到进一步提升，培养了良好的团队合作精神，同时还培养了我平衡各方面关系的能力，塑造了良好的心理素质。

上学期，我有幸进入学生会这个大家庭，在外联部为晚会的礼品集资付出自己一份努力。一学期虽短，却让我深深感受到幕后工作并不容易。四处奔波联系商家，思考赞助途径，遭到商家冷脸，协商合作计划，与保卫处协商沟通。其间，我还为赞助方式变更与文艺、信息部同学们多次沟通，为节省服装开支讨价还价，为报账发票跑上跑下，这些看似的困难却磨砺了我的性格，促成了我个人的成长和成熟，还因此和兄弟院校和美肤宝等商家建立起友好的关系。苦中作乐，也许就是这么一回事吧。

欣慰属于过去，未来仍需努力。为了更好地服务学校、服务大家，我站在这里，希望与大家一道为这个优秀的团队付出自己的一份热忱和努力。外联工作使我深深体会到：一个人的进步离不开大家的支持和帮助，只要勤于学习，敏于思考，借他人之长，创自己之新，工作就一定能出成效。

我相信，有老师和各主席部长的支持，再凭自己满腔的工作热情和认真的工作态度，我是能够胜任副主席这个职位的。这次竞选如果成功，是大家相信我；如果不成功，是大家爱护我。我希望，作为今天的竞选者之一，能够给大家留下没有最好只有更好的印象。希望各位伸出你们智慧的右手，为小明投出宝贵的一票。给我一个“服务大家，快乐自己”的机会。

我是小明，我，需要你们！

谢谢。

瑕疵案例2

尊敬的各位老师各位评委，亲爱的同学们：

我是小明，大家下午好。坦率地讲，我在台下候场时，还稍有紧张；但站在了台上，却格外自如。这份自如源于我坚持正能量的初心，而我今天要分享的正是“不忘初心”。

诸位，“不忘初心”是四个字，好写，好念，但是要去做，却需要无数个四季去检验——曾经有一个年轻人，他有世俗眼中最体面的学历和最体面的未来，但他却选择了世俗眼中最不体面的事业——建设农村。他带着从殿堂上得来的知识和资源，来到了田埂之中，去到了泥泞之地。在他的忙忙碌碌中，敬老院、热水器、现代公路，一个又一个利民工程在村子里面悄然建立；在他的东奔西走中，资金、工程、计划，这些与村民福祉息息相关的项目逐步落实。在两年前，这位年轻人更是发起了“黑土麦田”计划，鼓励更多优秀大学生回到农村，扎根农村。他说，“我要用我自己的所学所长去改变，让自己的国家更好”。这位脚踏泥泞，俯首躬行，在荆棘和贫困中拓荒的年轻人，用自己的行动诠释了中国青年应有之精神，“不忘初心，砥砺奋进”——他就是耶鲁大学毕业的高材生秦玥飞。

自1840年以来，我们这个苦难民族就从不乏这样的有志之士。从“苟利国家生死以”的林则徐，到“去留肝胆两昆仑”的谭嗣同；从“历史潮流，浩浩荡荡”的孙中山，到“大江歌罢掉头东”的周恩来，再到如今一个个“实干新邦”的秦玥飞们：奉献自我，实现中华民族伟大复兴的家国初心，每个时代弄潮儿们从来没有忘记过。

愿中国青年都摆脱冷气，只是向上走，不必听自暴自弃者流的话。能做事的做事，能发声的发声。有一分热，发一分光。就令萤火一般，也可以在黑暗里发一点光，不必等候炬火。鲁迅先生多年前的召唤，正等待着我们用一颗初心去回馈。

不忘初心，愿我辈砥砺前行，与国同程。

不忘初心，愿后生以我为荣，为国争光。

我是小明，我的演讲完毕，谢谢大家！

练一练

现在你要应聘学生会宣传部干事，需要准备一段5分钟的竞选发言。请你根据本章内容，写一篇演讲稿。

晒一晒

请与同学交换并修改各自的“练一练”作业，根据教师的点评意见再次修改。完成修改后，将你的初稿、修改稿、定稿，以及“独学思考”“亮点闪闪”“改一改”部分拍照上传至学习平台，看看你在本节学习中取得了哪些收获吧！

考一考

你有2分钟时间完成题库中的5道选择题，加油！系统得分：____________分。

第二节　策划书

听一听

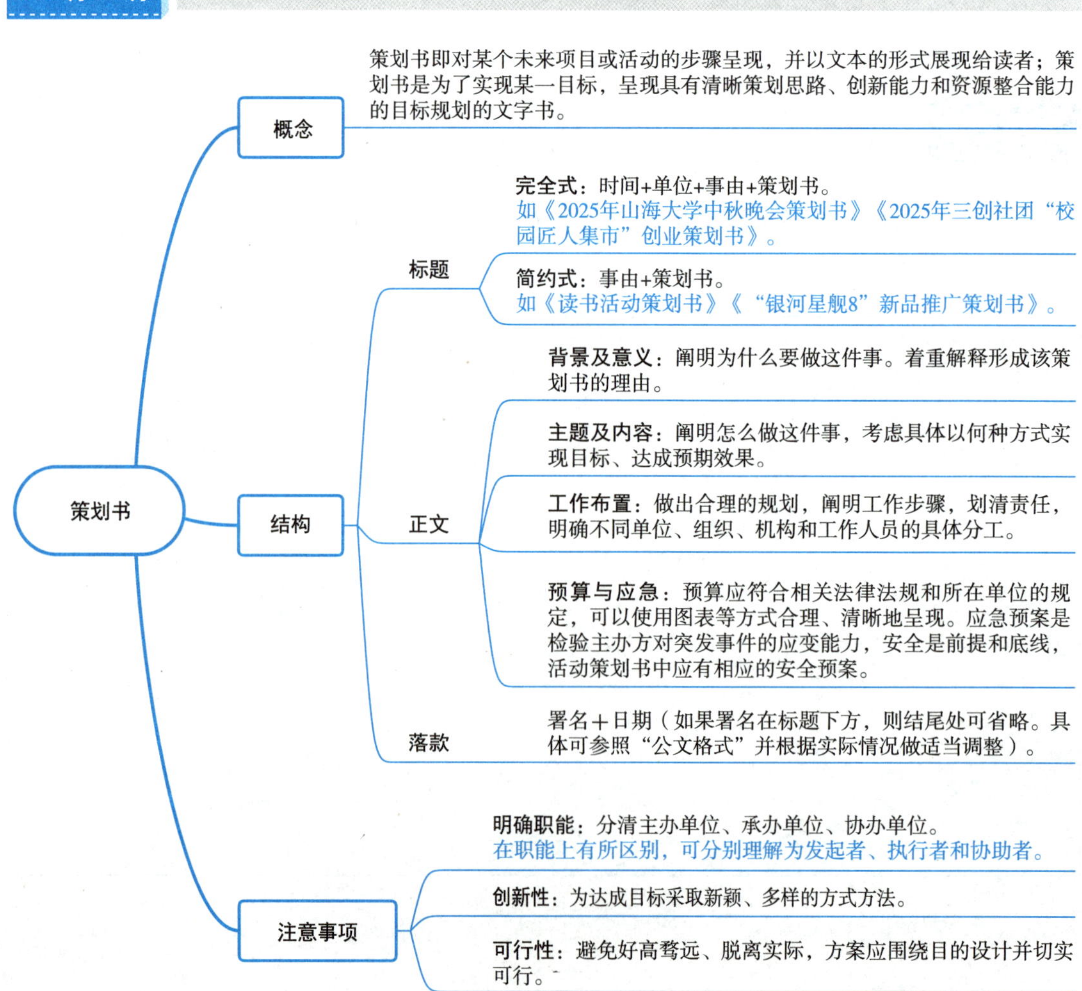

范文1

2025年山海大学校园阅读活动策划书

一、活动背景及意义

为深入贯彻党的二十大关于深化全民阅读活动的重要部署，我校决定于2025年3月至12月开展校园全民阅读活动，鼓励学生主动阅读、享受阅读，培养其爱读书、读好书、善读书的良好习惯。良好的校园阅读氛围有利于优化学风建设、提升校园文化品质、激发文化创新活力，在潜移默化中陶冶学生情操、提升文化素养、培养审美能力。

二、主题及内容

（一）活动主题

“书香校园·书声相伴”校园阅读活动

（二）活动内容

（1）读书沙龙：以学生为主体，通过书籍分享寻找思想共鸣；

（2）文学讲座：以古今中外小说为主题，深入解读文学作品的精神内涵；

（3）以书会友：通过书籍交换，在阅读中结识志同道合者；

（4）读书征文：开展读后感写作比赛，优秀作品将在校刊上发表；

（5）藏书展览：展示珍贵典籍，让学生感受书籍的历史价值。

三、工作布置

“书香校园，书声相伴”校园阅读活动工作安排

序号	活动主题	时间	牵头部门	活动内容
1	读书沙龙	3月至12月	学生工作部　图书馆	在沙龙中畅谈读书所感，分享个人见解，激发学生享受阅读的乐趣
2	文学讲座	4月至7月	博雅学院　教育学院　图书馆	由学院教师开设不同的文学作品专题，深度解读文学之美、文字之美
3	以书会友	5月11日	学生工作部　校学生会	以自己心仪之书换他人心仪之书，以真心换真心，在书籍交换之中寻找纸上知音
4	读书征文	6月20日	博雅学院　图书馆	鼓励学生每月读完一本书或一套系列作品，分享阅读进展或读书笔记等心得。优秀作品刊登于文学报纸之上
5	藏书展览	8月15日	图书馆	分享旧书故事，了解爱书之灵魂

注：各承办单位应在活动开始30个工作日之前提交具体实施方案。

四、预算与应急预案

（略）

山海大学校长办公室

2025年1月12日

范文 2

“小明”形象文创书签故宫联名款商业策划书（讨论稿）

一、策划背景

近年来，故宫文创产品凭借其深厚的文化底蕴和创意设计，在市场上赢得了广泛的认可与好评。为了进一步丰富故宫文创产品线，并吸引更多年轻消费者的关注，我们决定推出以“小明”为形象的书签系列。小明，作为几代人的共同记忆，容易引起共鸣。在本产品中，小明是一个融合了现代元素与传统文化特征的卡通形象，将作为连接古代与现代文化的桥梁，带领读者在书海中畅游，感受故宫的魅力。

二、策划目标

提升品牌形象：通过小明书签的设计和推广，进一步塑造故宫文创年轻的品牌形象。

拓展市场：吸引年轻读者群体，特别是学生及青年白领，扩大故宫文创产品的市场份额。

三、产品创意

形象定位：小明被设定为一个充满好奇心和冒险精神的少年，身着传统服饰，搭配现代配饰，如蓝牙耳机、运动鞋等，展现出古今结合的独特魅力。

色彩运用：采用故宫经典的红、黄、蓝等色彩，结合现代审美进行调和，使形象既传统又不失时尚感。

元素融合：在设计中融入故宫的建筑元素、文物图案等，如龙凤图腾、宫殿轮廓等，体现文化底蕴。

系列主题：设计不同主题的书签，如“故宫四季”“宫廷生活”“历史名人”等，每个系列包含多款书签，每款书签上均有小明在不同场景下的形象。

互动元素：在书签背面或边缘设置二维码，扫描后可观看与书签主题相关的短视频或互动游戏，增加趣味性和教育性。

材质与工艺：选用环保纸张和优质印刷工艺，确保书签的耐用性和美观度。

四、推广策略

社交媒体营销：在微博、抖音、B站等社交平台开设官方账号，发布小明书签的设计草图、制作过程、使用场景等内容，吸引粉丝关注和讨论。

KOL合作：邀请知名博主、文化名人进行书签体验分享，借助其影响力扩大宣传效果。

跨界合作：与书店、图书馆、咖啡馆等场所合作，将小明书签作为特色商品推广，增加曝光度。

五、实施阶段

前期准备（第1—2个月）：完成小明形象设计、书签设计稿、样品制作、定价定制等工作。

宣传推广（第3—4个月）：启动社交媒体营销、KOL合作等线上宣传活动，同时筹备线下活动。

产品上市（第5个月）：在故宫文创店、合作书店等渠道正式销售小明书签，同步开启线上销售渠道。

持续运营（第6个月起）：根据市场反馈调整产品策略，持续进行线上线下活动，保持品牌热度。

六、定价分析和市场预期

（略）

通过以上策划、实施，我们相信“小明”形象书签将成为故宫文创产品的新亮点，不仅能够吸引更多年轻消费者的关注，还能够有效促进传统文化在青年学生中的传播。

山海大学艺术学院青艺社团

2025年5月16日

？想一想

各小组分析范文后，选择一个题目，允许上网查询，完成课堂独学。

题目一：范文1中哪项主题活动最吸引你？概括一下活动策划书中创意和创新的重要性。

题目二：宣传是策划活动达成目的的关键，可以采取哪些措施进行宣传呢？

组建学习小组，同学们互相分享各自的独学成果，并请同学们帮忙润色文稿。同时，记录下同学们独学思考中的闪光点和教师点评给予你的启发。

改一改

瑕疵案例1

策划书

一、活动背景及意义

端午节是中华民族传统节日之一，其承载着丰富而又深厚的历史文化和民族情感。为弘扬优秀传统文化，增进师生对传统习俗的体验与认知，学校拟举办端午节主题活动，具体意义如下：

（一）为了促进学生之间团队合作的能力，促进学生们的校园生活更加丰富多彩。

（二）为了弘扬优秀的传统习俗，深化传统文化进入校园。

（三）为了学生们在活动中学习优秀的传统文化知识，增强学生的民族自豪感和文化自信。

（四）有利于校园人文关怀的增强，最终达到师生和睦，学生与学生之间更多的理解与沟通。

二、活动主题

“端午同聚，共度佳节”

三、主办单位

××大学办公室

××大学团委办公室

××大学学生工作处

四、承办单位

××学校新闻宣传部

××大学学生会

××大学校团委

各学院学生会

五、活动时间和地点

时间：2025年5月31日

地点：学校体育场

六、参与人员

全校师生

……

瑕疵案例2

校学生会中秋晚会活动策划书

……

十、经费预算

项目	数量	单价/元	总价/元
矿泉水	120	2	240
品牌巧克力	120	65	7800
场地租借	1	1000	1000
宣传费用	1	1200	1200
场地布置	1	699	699
总计	—	—	10939

……

练一练

请你根据个人专业和学校本学期的课程情况，为本班级写一篇“寻山”活动策划书。

晒一晒

请与同学交换并修改各自的“练一练”作业，根据教师的点评意见再次修改。完成修改后，将你的初稿、修改稿、定稿，以及“独学思考”“亮点闪闪”“改一改”部分拍照上传至学习平台，看看你在本节学习中取得了哪些收获吧！

考一考

你有2分钟时间完成题库中的5道选择题，加油！系统得分：__________分。

第三节 请示和批复

听一听

- 请示
  - 概念
    - 请示是适用于向上级机关请求指示、批准的公文。
    - 比如：向上级机关请求对工作安排、问题处理、突发情况处置等做出指示，对文件、会议、活动、项目等予以审批等。
  - 结构
    - 标题
      - **完全式**：发文机关+事由+文种。
        如《××医院关于购置医疗器械的请示》《宁波分公司关于举办新品发布会的请示》。
      - **简约式**：事由+文种 。
        如《关于增设学生单项奖学金的请示》《关于生产车间高温调休的请示》。
    - 主送机关
      - 负责受理和答复该文件的机关。
      - 请示只写一个主送机关。机关名称写全称或规范化简称，一般不写单位或部门领导人。
    - 正文
      - **缘由**：简述制文的依据、缘由、目的、意义等。
        缘由客观真实，明确具体。常用句式有：为了……，依据……，根据……
      - 事项：
        - **明确性**：简明、真实地写清请示事项。如果是请求批准的请示，需写明具备请示事项的条件。
          在写作中，多用数字、项目、成绩等来例证自身优势，表明已具备胜任请示事项的基础条件、前期准备。
        - **可行性**：从实际出发，针对请示事项的具体实施步骤、工作思路,有一定的可行性。
          一是在现有条件下，通过努力可以完成任务和实现目标；二是在现有条件下，能将解决问题的方法措施付诸实践。
      - **结语**：“请示”必须有结语，一般另起一行空两格书写，语气要谦恭。
        常用语：“特此请示，请批复”“以上意见妥否？请指示”“当否？请指示”“妥否？请批示”等。
    - 落款
      - 发文机关+成文日期（成文时间写明年、月、日，并加盖公章）
  - 注意事项
    - 对象性
      - 阐述请示缘由时要懂得换位思考，把自己要解决的问题同全局利益联系起来，促使上级机关从客观上意识到所请示事项的重要性，进而给予相关的支持，使工作得以顺利推进。
    - 单一性
      - **一个主送机关**：请示只主送一个机关，如果受双重领导的机关，则根据请示内容对另一个上级机关采用抄送形式。
      - **一文一事**：一般只针对某一个问题、某一件事情或同一事项的多方面内容向上级机关请示，不能把互不相关的多个事项写在一份请示中。
      - **不越级请示**：发文机关需按隶属关系逐级请示，不得越级行文。如遇特殊情形，确需越级行文，则应同时抄送被越过的机关。
    - 期复性
      - 针对下级单位的“请示”，无论同意与否，上级均需做出明确答复。
    - 完整性
      - 向上级请示的公文，需要在附注中写明联系人及电话。

看一看

范文1

教育学院团委关于组织2023级小学教育专业学生参加校外公益服务的请示

校团委：

为深入贯彻《中共中央 国务院关于全面加强新时代大中小学劳动教育的意见》，落实《教育部关于印发〈大中小学劳动教育指导纲要（试行）〉的通知》（教材〔2020〕4号）的要求，我院以公益服务为载体，将劳动教育融入专业实践，引导学生运用所学知识与技能服务社会。

2021年1月至2025年3月，我院结合小学教育专业特色，面向农村留守儿童、家庭经济困难儿童及外来务工人员子女，累计开展助学服务等项目23项。实践表明，公益服务有效强化了学生的劳动意识和社会责任感，实现了“服务中学习、学习中成长”的育人目标。

为巩固育人成果，我院拟于2025年4月15日至4月25日，组织2023级小学教育专业42名学生，赴平安镇开展2024—2025学年第二期校外公益服务，服务对象为留守儿童及家庭经济困难儿童。具体实施方案详见附件。

妥否？请批示。

××大学教育学院团委

2025年4月7日

附件：教育学院2023级小学教育专业学生校外公益服务实施方案（2024—2025学年第二期）

（附件略）

范文2

岳阳市人力资源和社会保障局关于实施2022年第一批失业保险稳岗返还的请示

岳阳市人民政府：

为贯彻落实党中央、国务院决策部署，帮助我市服务行业困难企业渡过难关，恢复生产，根据湖南省人民政府办公厅《关于印发〈湖南省促进“服务业领域”部分困难行业恢复发展的若干政策〉的通知》（湘政办发〔2022〕14号）以及“免申即享”工作要求，经系统自动生成，拟对市本级第一批446家符合条件的参保企业发放失业保险稳岗返还资金，共计21261841.04元。现申请从市本级失业保险基金中列支。

妥否？请批示。

附件：1. 2022年岳阳市本级失业保险稳岗返还拟享受名单（第一批）

2. 湖南省人民政府办公厅关于印发《湖南省促进服务业领域部分困难行业恢复发展的若干措施》的通知

岳明市人力资源和社会保障局

2022年5月6日

（联系人：刘××，176××××××××）

（附件略）

（https://www.yueyang.gov.cn/rsj/7719/7720/content_1939080.html）

？想一想

各小组分析范文后，选择一个题目，允许上网查询，完成课堂独学。

题目一：范文1中的附件《教育学院2023级小学教育专业学生校外公益服务实施方案（2024—2025学年第二期）》可能有哪些内容？请写出提纲。

题目二：请示与报告异同的地方是什么？

题目三：对象化思维在请示的撰写过程中主要体现在哪些地方？

组建学习小组，同学们互相分享各自的独学成果，并请同学们帮忙润色文稿。同时，记录下同学们独学思考中的闪光点和教师点评给予你的启发。

改一改

瑕疵案例1

关于申请“非遗进校园”活动经费的请示

尊敬的校领导：

6月8日为我国“文化遗产日”，为丰富校园文化生活，推动非遗在校园传播和普及，让我校学生不仅能近距离感受非遗魅力，还能加深对非遗的了解，增强其文化自信。我部计划于2025年6月8日，在学校操场举办“非遗进校园”活动。现关于活动涉及经费特向学校提出请示。

本次活动涉及展台设计、音响配置、嘉宾饮水及宣传推广等多个方面，因其规模与内容的丰富性，相应的经费需求也随之产生，共需0.522万元。我们将秉持节俭高效的原则，合理规划经费使用，确保每一笔资金都能发挥最大效用。同时，我们也会严格按照学校财务制度执行，确保经费使用的透明度与合规性。

在此，恳请校领导能够审慎考虑我们的经费申请，并给予必要的支持与批准。

校团委

2025年4月30日

瑕疵案例2

××学院关于召开教职工大会的请示报告

院党委：

为进一步完善教职工有领导、有组织地参加民主管理、民主监督机制，充分调动教职工的积极性、主动性、创造性，加强教代会自身建设，经院党、政、工联席会议研究，决定召开学院第十届教职工代表大会第一次会议，现将有关事宜报告如下：

一、会议时间地点：2025年3月，102报告厅

二、会议议程：

1. 听取审议学院财务预决算报告
2. 审议学校工会工作报告
3. 院工会委员会换届选举
4. 其他需要在教代会上审议通过的内容

以上请示报告妥否？请批示。

××学院工会委员会

2025年3月15日

练一练

请你以社团的名义，写一篇关于举办“博雅风华·经典诵读”活动的请示。

晒一晒

请与同学交换并修改各自的“练一练”作业，根据教师的点评意见再次修改。完成修改后，将你的初稿、修改稿、定稿，以及“独学思考”“亮点闪闪”“改一改”部分拍照上传至学习平台，看看你在本节学习中取得了哪些收获吧！

考一考

你有2分钟时间完成题库中的5道选择题，加油！系统得分：__________分。

听一听

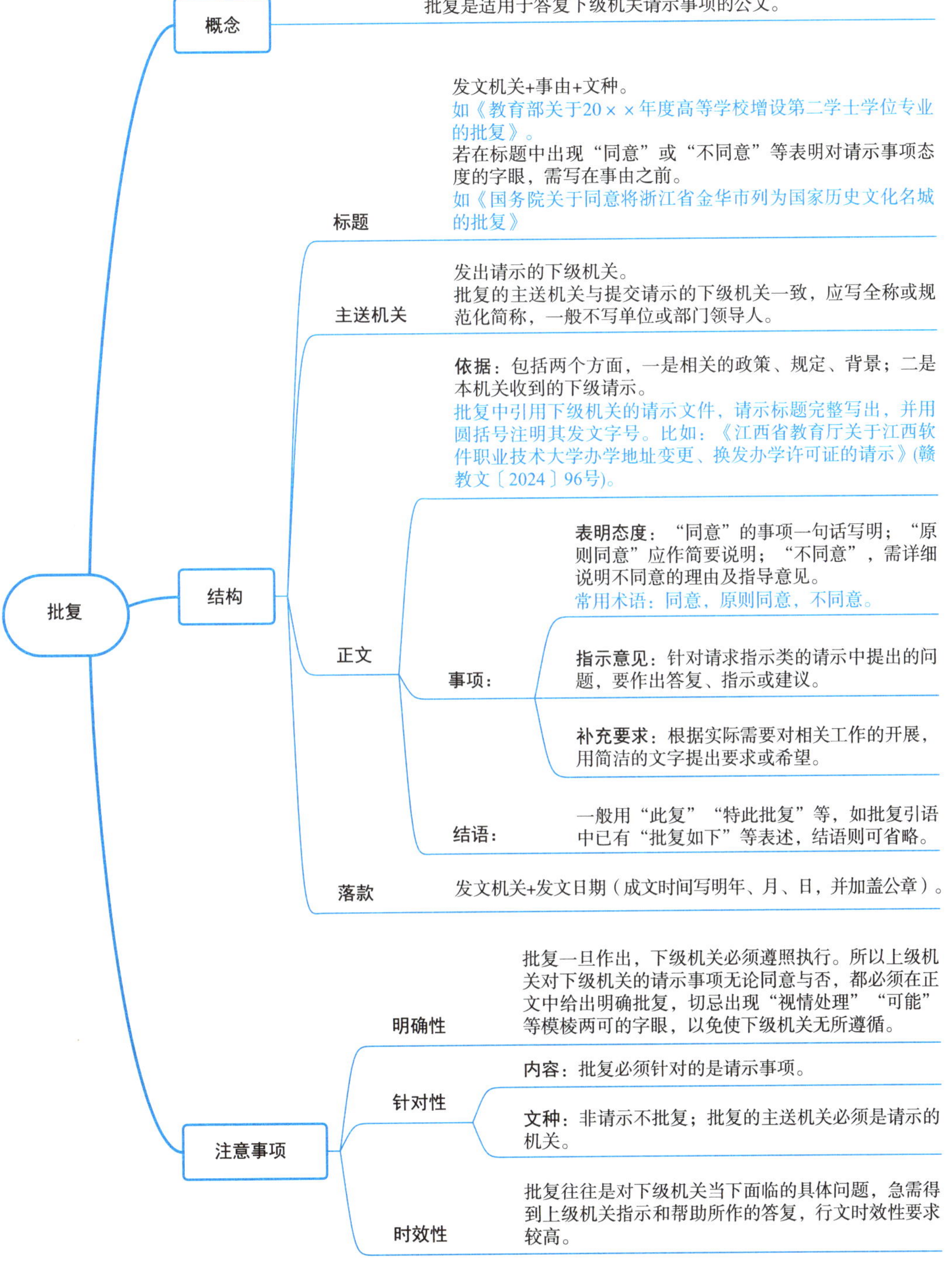
批复
概念
批复是适用于答复下级机关请示事项的公文。
结构
标题
发文机关+事由+文种。
如《教育部关于20××年度高等学校增设第二学士学位专业的批复》。
若在标题中出现“同意”或“不同意”等表明对请示事项态度的字眼，需写在事由之前。
如《国务院关于同意将浙江省金华市列为国家历史文化名城的批复》
主送机关
发出请示的下级机关。
批复的主送机关与提交请示的下级机关一致，应写全称或规范化简称，一般不写单位或部门领导人。
正文
依据：包括两个方面，一是相关的政策、规定、背景；二是本机关收到的下级请示。
批复中引用下级机关的请示文件，请示标题完整写出，并用圆括号注明其发文字号。比如：《江西省教育厅关于江西软件职业技术大学办学地址变更、换发办学许可证的请示》(赣教文〔2024〕96号)。
事项：
表明态度：“同意”的事项一句话写明；“原则同意”应作简要说明；“不同意”，需详细说明不同意的理由及指导意见。
常用术语：同意，原则同意，不同意。
指示意见：针对请求指示类的请示中提出的问题，要作出答复、指示或建议。
补充要求：根据实际需要对相关工作的开展，用简洁的文字提出要求或希望。
结语：
一般用“此复”“特此批复”等，如批复引语中已有“批复如下”等表述，结语则可省略。
落款
发文机关+发文日期（成文时间写明年、月、日，并加盖公章）。
注意事项
明确性
批复一旦作出，下级机关必须遵照执行。所以上级机关对下级机关的请示事项无论同意与否，都必须在正文中给出明确批复，切忌出现“视情处理”“可能”等模棱两可的字眼，以免使下级机关无所遵循。
针对性
内容：批复必须针对的是请示事项。
文种：非请示不批复；批复的主送机关必须是请示的机关。
时效性
批复往往是对下级机关当下面临的具体问题，急需得到上级机关指示和帮助所作的答复，行文时效性要求较高。

看一看

范文1

××省民政厅关于同意成立山海大学“山海经”文化研究会的批复

山海大学：

你校《关于申请成立“山海经”文化研究会的请示》（山海函〔2025〕6号）收悉。根据《中华人民共和国行政许可法》第三十八条和《社会团体登记管理条例》第十四条、第十六条的规定，经研究，准予成立山海大学“山海经”文化研究会。请按规定自批准筹备之日起6个月内召开会员大会，通过章程并选举负责人，完成后向民政部门申请成立登记。

特此批复。

××省民政厅（公章）

2025年4月25日

范文2

四川省人民政府关于同意设立成都东部新区的批复

川府函〔2020〕84号

成都市人民政府：

你市《关于设立成都东部新区的请示》（成府〔2020〕37号）收悉。经研究，现批复如下：

一、同意设立成都东部新区（以下简称新区）。新区规划面积729平方公里，空间范围包括简阳市所辖的13个镇（街道）所属行政区域，分别是海螺镇、芦葭镇、董家埂镇、壮溪镇、玉成街道、草池街道、石板凳街道、福田街道、养马街道、石盘街道所属全部行政区域及高明镇、三岔街道、贾家街道所属部分行政区域。

二、新区建设要坚持以习近平新时代中国特色社会主义思想为指导，认真贯彻习近平总书记对四川工作系列重要指示精神，全面落实成渝地区双城经济圈建设战略部署，深入实施“一干多支”发展战略，坚持高起点规划、高标准建设、高质量发展、高水平治理，在产业发展、开放合作、生态文明、城乡融合、公共服务等领域先行先试、率先突破，全面增强高端要素资源的集聚配置能力，努力把成都东部新区建设成为国家向西向南开放新门户、成渝地区双城经济圈建设新平台、成德眉资同城化新支撑、新经济发展新引擎和彰显公园城市理念新家园。

三、新区建设要坚持体制机制创新，按照“一个平台、一个主体、一套班子”的体制架构，按规定组建新区管理机构。要积极探索与现行管理体制联动的高效、协调管理方式，有力有序推动新区建设。管理机构设置和人员编制要遵循统一、精简、高效的原则，严格控制总量，依法依规设置。

四、成都市要切实加强组织领导，进一步明确新区发展思路，完善工作机制，落实重点任务，认真做好总体规划编制工作，加快推动新区高质量发展。

五、省直有关部门（单位）按照职能分工，加强对新区建设发展的指导，在规划编制、政策措施、项目布局、体制创新、对外开放等方面给予积极支持，营造良好的政策环境。省发展改革委会同省直有关部门（单位）加强工作指导和信息沟通，协调解决新区建设过程中遇到的困难和问题，共同推动新区加快建设。

六、《成都东部新区总体方案》由省发展改革委商省直有关部门（单位）审核后印发。

四川省人民政府

2020年4月28日

（https://www.sc.gov.cn/10462/c103045/2020/4/28/8a8d48119e4840d2a4f3350eeae6611b.shtml）

? 想一想

各小组分析范文后，选择一个题目，允许上网查询，完成课堂独学。

题目一：批复与批示、复函的异同是什么？

题目二：在拟写批复之前，需要做好哪些基础工作？

题目三：如何理解批复行文的被动性？

组建学习小组，同学们互相分享各自的独学成果，并请同学们帮忙润色文稿。同时，记录下同学们独学思考中的闪光点和教师点评给予你的启发。

改一改

瑕疵案例1

艺术学院关于召开教职工大会请示的批复

艺术学院工会：

你院《关于召开第十届教职工代表大会第一次会议的请示》报告已收悉。经研究，同意你院于4月15日召开各项议题和日程安排。望你们按照《中国工会章程》和《山海大学二级教职工代表大会实施细则》等有关规定开好大会。

预祝大会圆满成功！

此复。

山海大学工会委员会

二〇二五年四月十一日

瑕疵案例2

关于同意山海大学增设无人机操控与维护专业的复函

山海大学：

送来《关于新增设无人机操控与维护专业的请示》（××〔2024〕10号）收悉。经研究，同意你校从2024年9月开始增设无人机操控与维护专业。请按照有关专业建设标准，配置好新增专业的教师和设施设备，编制好课程体系及教学计划，确保新设专业人才培养质量。有关专业筹备工作情况，可随时与我厅沟通。

特此函复。

2024年6月13日

山海市教育厅

练一练

请你以山海大学的名义，写一篇“原则同意”汽车学院举办首届田径运动会的批复。

晒一晒

请与同学交换并修改各自的“练一练”作业，根据教师点评意见再次修改。完成修改后，将你的初稿、修改稿、定稿，以及“独学思考”“亮点闪闪”“改一改”部分拍照上传至学习平台，看看你在本节学习中取得了哪些收获吧！

考一考

你有2分钟时间完成题库中的5道选择题，加油！系统得分：__________分。

第四节　通知

听一听

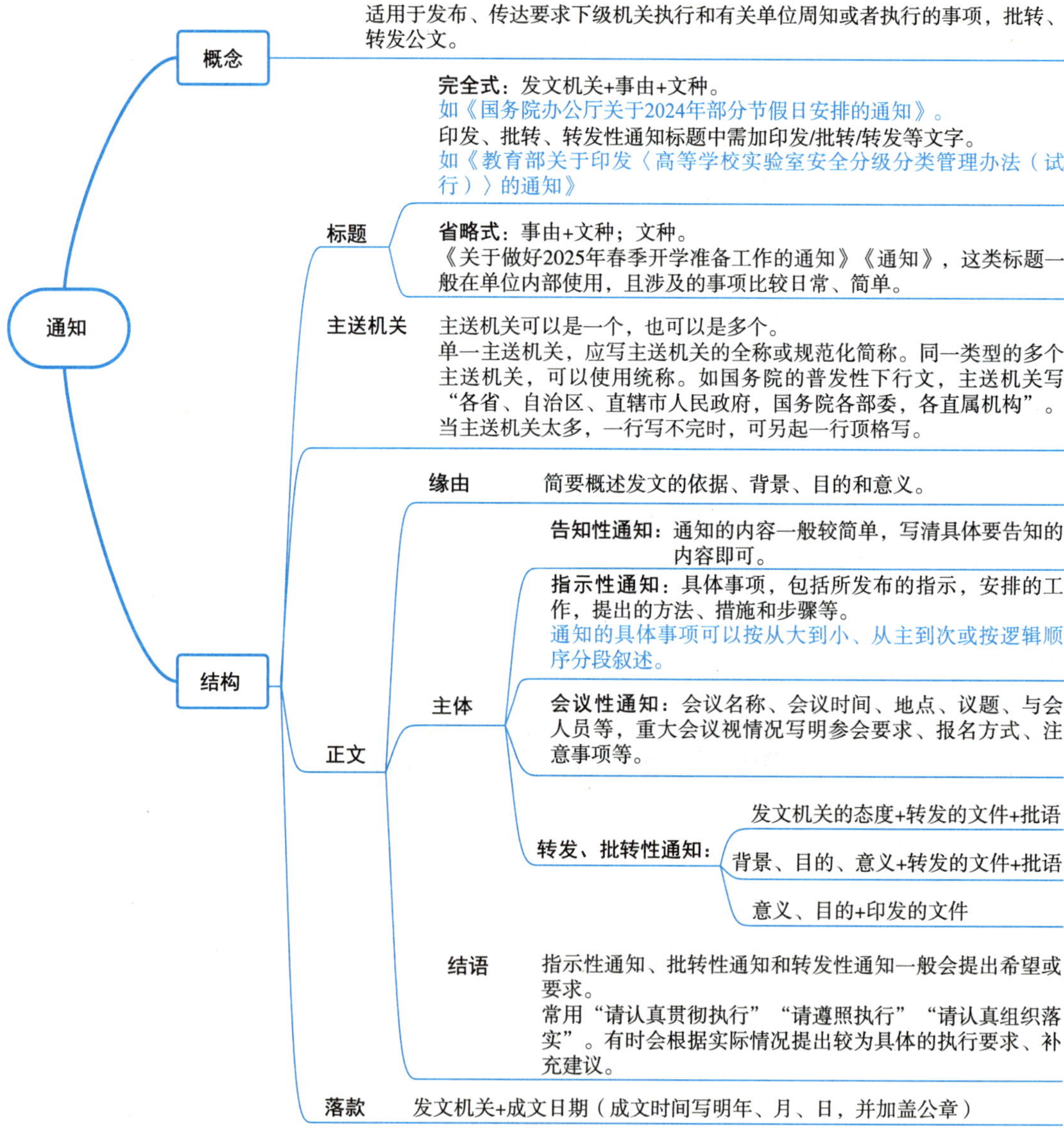
通知
概念
适用于发布、传达要求下级机关执行和有关单位周知或者执行的事项，批转、转发公文。
结构
标题
完全式：发文机关+事由+文种。
如《国务院办公厅关于2024年部分节假日安排的通知》。
印发、批转、转发性通知标题中需加印发/批转/转发等文字。
如《教育部关于印发〈高等学校实验室安全分级分类管理办法（试行）〉的通知》
省略式：事由+文种；文种。
《关于做好2025年春季开学准备工作的通知》《通知》，这类标题一般在单位内部使用，且涉及的事项比较日常、简单。
主送机关
主送机关可以是一个，也可以是多个。
单一主送机关，应写主送机关的全称或规范化简称。同一类型的多个主送机关，可以使用统称。如国务院的普发性下行文，主送机关写“各省、自治区、直辖市人民政府，国务院各部委，各直属机构”。
当主送机关太多，一行写不完时，可另起一行顶格写。
正文
缘由
简要概述发文的依据、背景、目的和意义。
主体
告知性通知：通知的内容一般较简单，写清具体要告知的内容即可。
指示性通知：具体事项，包括所发布的指示，安排的工作，提出的方法、措施和步骤等。
通知的具体事项可以按从大到小、从主到次或按逻辑顺序分段叙述。
会议性通知：会议名称、会议时间、地点、议题、与会人员等，重大会议视情况写明参会要求、报名方式、注意事项等。
转发、批转性通知：
发文机关的态度+转发的文件+批语
背景、目的、意义+转发的文件+批语
意义、目的+印发的文件
结语
指示性通知、批转性通知和转发性通知一般会提出希望或要求。
常用“请认真贯彻执行”“请遵照执行”“请认真组织落实”。有时会根据实际情况提出较为具体的执行要求、补充建议。
落款
发文机关+成文日期（成文时间写明年、月、日，并加盖公章）

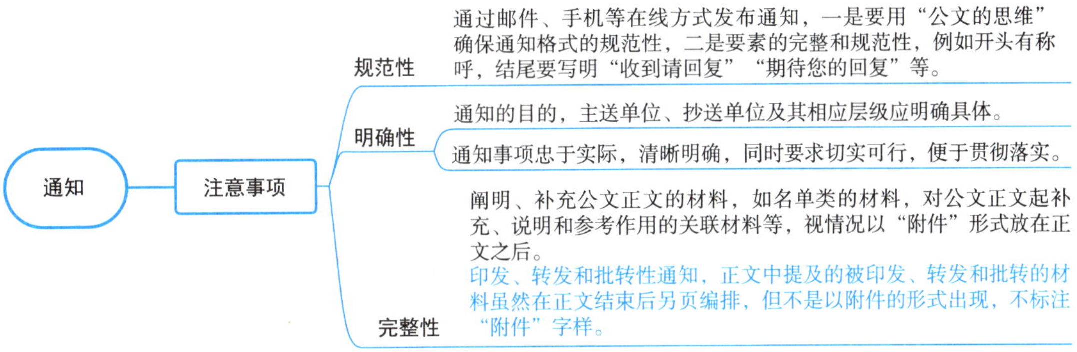

通知 — 注意事项

规范性
- 通过邮件、手机等在线方式发布通知，一是要用“公文的思维”确保通知格式的规范性，二是要素的完整和规范性，例如开头有称呼，结尾要写明“收到请回复”“期待您的回复”等。

明确性
- 通知的目的，主送单位、抄送单位及其相应层级应明确具体。
- 通知事项忠于实际，清晰明确，同时要求切实可行，便于贯彻落实。

完整性
- 阐明、补充公文正文的材料，如名单类的材料，对公文正文起补充、说明和参考作用的关联材料等，视情况以“附件”形式放在正文之后。
- 印发、转发和批转性通知，正文中提及的被印发、转发和批转的材料虽然在正文结束后另页编排，但不是以附件的形式出现，不标注“附件”字样。

看一看

范文1

山海大学关于举办2025年春季运动会的通知

各院（系）、部、处：

为深入贯彻体育强国、健康中国战略要求，提升广大师生员工的锻炼意识，增强体质健康，营造生动活泼、健康向上的校园氛围，根据我校校历安排和实际情况，决定举办2025年春季运动会。现通知如下：

一、运动会时间：2025年5月14日（星期三）至16日（星期五）。

二、运动会地点：学校田径场。

三、各单位按照附件要求，做好入场方阵、运动队、啦啦队等各项报名和准备工作。

四、全校停课，不调休。运动会期间学生课程安排调整由教务处另行通知。

五、注意事项

1. 运动会期间，各学院要加强对学生的管理，组织好学生观赛和参与运动会。

2. 保卫处、后勤管理处、校医务室等单位要切实做好运动会期间的安保、后勤保障及应急医疗工作，确保运动会顺利进行。

3. 各单位未参与比赛项目、不参加运动会组织工作的教职工正常上班，保证各项工作有序开展。

特此通知。

附件：山海大学2025年春季运动会工作安排（校办发〔2025〕11号）

（附件略）

山海大学校长办公室

2025年5月4日

范文 2

教育部关于举办中国国际大学生创新大赛（2024）的通知

教高函〔2024〕9号

各省、自治区、直辖市教育厅（教委），新疆生产建设兵团教育局，有关部门（单位）教育司（局），部属各高等学校、部省合建各高等学校，国家开放大学：

为贯彻落实党的二十大精神，深入贯彻落实习近平总书记关于教育的重要论述和给“青年红色筑梦之旅”大学生重要回信精神，“三位一体”统筹推进教育、科技、人才工作，把创新教育贯穿教育活动全过程，加强拔尖创新人才自主培养，培育新质生产力发展新动能，为教育强国建设支撑引领中国式现代化作出更大贡献，教育部定于2024年4月至10月举办中国国际大学生创新大赛（2024）。现将有关事项通知如下：

一、大赛主题

我敢闯，我会创。

二、总体目标

更中国、更国际、更教育、更全面、更创新、更协同，落实立德树人根本任务，传承和弘扬红色基因，聚焦“五育”融合创新创业教育实践，开启创新创业教育改革新征程，激发青年学生创新创造热情，打造共建共享、融通中外的国际创新盛会，让青春在全面建设社会主义现代化国家的火热实践中绽放绚丽之花。

——更中国。更深层次、更广范围体现红色基因传承，充分展现新发展阶段高水平创新教育的丰硕成果，集中展示新发展理念引领下创新人才培养的中国方案，提升新时代中国高等教育的感召力。

——更国际。深化创新教育国际交流合作，汇聚全球知名高校、企业和创业者，服务以国内大循环为主体、国内国际双循环相互促进的新发展格局，搭建全球性创新创业竞赛平台，提升新时代中国高等教育的影响力。

——更教育。推动思想政治教育、专业教育与创新教育深度融合，弘扬劳动精神，加强学生创新实践能力培养，造就敢想敢为又善作善成的新时代好青年，提升新时代中国高等教育的塑造力。

——更全面。推进职普融通、产教融合、科教融汇，鼓励各学段学生积极参赛，形成创新创业教育在高等教育、职业教育、基础教育、留学生教育等各类各学段的全覆盖，打通人才培养各环节，提升新时代中国高等教育的引领力。

——更创新。积极开辟发展新领域新赛道，不断塑造发展新动能新优势，丰富竞赛内容和形式，激发全社会创新创造动能，促进高校创新成果转化应用，进一步服务国家重大战略需求和经济社会高质量发展，提升新时代中国高等教育的创造力。

——更协同。充分发挥大赛平台纽带作用，促进优质资源互联互通，推动形成开放大学、开放产业、开放问题的良好氛围，助推大赛项目落地转化，营造支持青年大学生创新创业、共同合作、互相包容、互相支持的良好生态。

三、主要任务

以赛促教，探索人才培养新途径。全面提高人才自主培养质量，强化高校课程思政建设，深入推进新工科、新医科、新农科、新文科建设，深化创新创业教育改革，引领各类学校人才培养范式深刻变革，形成新的人才培养质量观和质量标准，切实提高学生的创新精神、创新意识和创新能力。

以赛促学，培养创新创业生力军。着力造就拔尖创新人才，激励广大青年扎根中国大地了解国情民情，在创新创业中增长智慧才干，怀抱梦想又脚踏实地，敢想敢为又善作善成，做有理想、敢担当、能吃苦、肯奋斗的新时代好青年。

以赛促创，搭建产教融合新平台。把教育融入经济社会发展，推动成果转化和产学研用融合，促进教育链、人才链与产业链、创新链有机衔接，以创新引领创业、以创业带动就业，推动形成高校毕业生更高质量创业就业的新局面。

四、大赛内容

（略）

五、组织机构

（略）

六、参赛要求

（略）

七、比赛赛制

（略）

八、赛程安排

（略）

九、工作要求

（略）

十、其他

本通知所涉及内容的最终解释权归中国国际大学生创新大赛组委会所有。

十一、联系方式

（一）大赛工作QQ群号为7××××××××，请各省级教育行政部门指定两名工作人员加入该群，便于赛事工作沟通交流。

（二）大赛组委会联系人

教育部学生服务与素质发展中心　萧×

联系电话：010-××××××××

电子邮箱：jyb×××××@××××.cn

地址：北京市西城区西直门外大街××××

邮编：100044

上海交通大学　张×

联系电话：021-××××××××

传真：021-××××××××

电子邮箱：××××@××××.cn

地址：上海市闵行区东川路××××

邮编：××××××

教育部高等教育司综合处　曹×

联系电话：010-××××××××

电子邮箱：××××@××××.cn

地址：北京市西城区××××

邮编：××××××

附件：1.中国国际大学生创新大赛（2024）高教主赛道方案

2.中国国际大学生创新大赛（2024）“青年红色筑梦之旅”活动方案

3.中国国际大学生创新大赛（2024）职教赛道方案

4.中国国际大学生创新大赛（2024）产业命题赛道方案

5.中国国际大学生创新大赛（2024）萌芽赛道方案

教育部

2024年4月28日

（http://www.moe.gov.cn/srcsite/A08/s5672/202405/t20240513_1130304.html）

范文3

关于做好2024年同等学力人员申请硕士学位全国统一考试安全工作的通知

学位办〔2024〕8号

各省、自治区、直辖市学位委员会、教育厅（教委）、教育招生考试机构，教育部教育考试院：

2024年同等学力人员申请硕士学位外国语水平和学科综合水平全国统一考试（以下简称同等学力全国统考）将于5月19日进行，有关单位要进一步提高政治站位，压实工作责任，筑牢考试安全防线，确保2024年同等学力全国统考平稳顺利实施。现将有关工作通知如下：

一、认真履行安全责任。各省级考试主管部门是本行政区域内组织全国统考、治理考试环境、整治考风考纪、维护考试安全的责任主体，主要负责同志是考试安全工作的第一责任人，对本地区考试安全工作负总责。各考点是考试工作的责任主体，主要负责同志是直接责任人，要切实加强组织领导。各级主要负责同志要对考试重点部位、重点岗位和重点环节亲自把关、亲自协调、亲自督察，层层压实工作责任。

…………

（http://www.moe.gov.cn/srcsite/A22/moe_826/202405/t20240511_1129988.html）

？想一想

各小组分析范文后，选择一个题目，允许上网查询，完成课堂独学。

题目一：如果在手机聊天软件上写一则有关社团开会的通知，如何用“公文的思维”来写？

题目二：批转性通知和转发性通知有哪些区别呢？

题目三：仅一字之差的“通知”和“通告”能否互相借用？为什么？

组建学习小组，同学们互相分享各自的独学成果，并请同学们帮忙润色文稿。同时，记录下同学们独学思考中的闪光点和教师点评给予你的启发。

改一改

瑕疵案例1

关于2025年西南地区中外阅读第十届学术研讨会的通知

党的二十大报告指出，深化全民阅读活动。近年来，在党中央、国务院的大力支持下，在教育部的持续推动下，阅读在农村地区落地生根，农村地区儿童阅读事业稳步发展，让更多的乡村孩子们养成了阅读习惯。在第27界世界读书日来临之际，西南地区中外比较研委员会、××公司，决定于4月20日联合举办“2025年西南地区中外阅读第十届学术研讨会”。

一、会议主题

1. 以阅读助力乡村教育，用书香推动乡村振兴

2. 捐书助学

二、主要议题

1. 中国文化走出去背景下的中外阅读研究

2. 乡村阅读助推乡村教育发展研究

3. 城乡阅读一体化路径探索

三、会议地点

四川省绵阳市××路××酒店

四、会务费

本次会议不收取会务费用，与会代表交通、食宿自理。

五、会议联系人

张三　12345678

李四　12564378

六、主办单位：

西南地区中外比较研委员会

七、承办单位：

××公司

西南地区中外比较研委员会　　××公司

2025年3月10日

瑕疵案例2

关于图书馆临时闭馆的通告

全体师生：

根据学校《关于2024—2025学年暑假放假的通知》安排，结合图书馆的工作实际情况，图书馆将于2025年7月16日闭馆，开馆时间另行通知。闭馆期间图书馆网站及电子资源均可正常访问。

假期值班联系方式：史老师，134××××××××

特此通告。

图书馆

练一练

为深入贯彻落实党的二十大精神和习近平总书记关于文化建设的重要论述，大力培育和践行社会主义核心价值观，引导广大师生全面了解中华优秀传统文化，坚定文化自信，切实担负起推动文化繁荣、建设文化强国、传承中华民族现代文明的文化使命，现学校团委决定在2025年4月25日至4月29日启动“中华优秀传统文化节”活动。请你以学校团委的

名义，拟写一则通知。

晒一晒

请与同学交换并修改各自的“练一练”作业，根据教师的点评意见再次修改。完成修改后，将你的初稿、修改稿、定稿，以及“独学思考”“亮点闪闪”“改一改”部分拍照上传至学习平台，看看你在本节学习中取得了哪些收获吧！

考一考

你有2分钟时间完成题库中的5道选择题，加油！系统得分：__________分。

第五节　邀请函

听一听

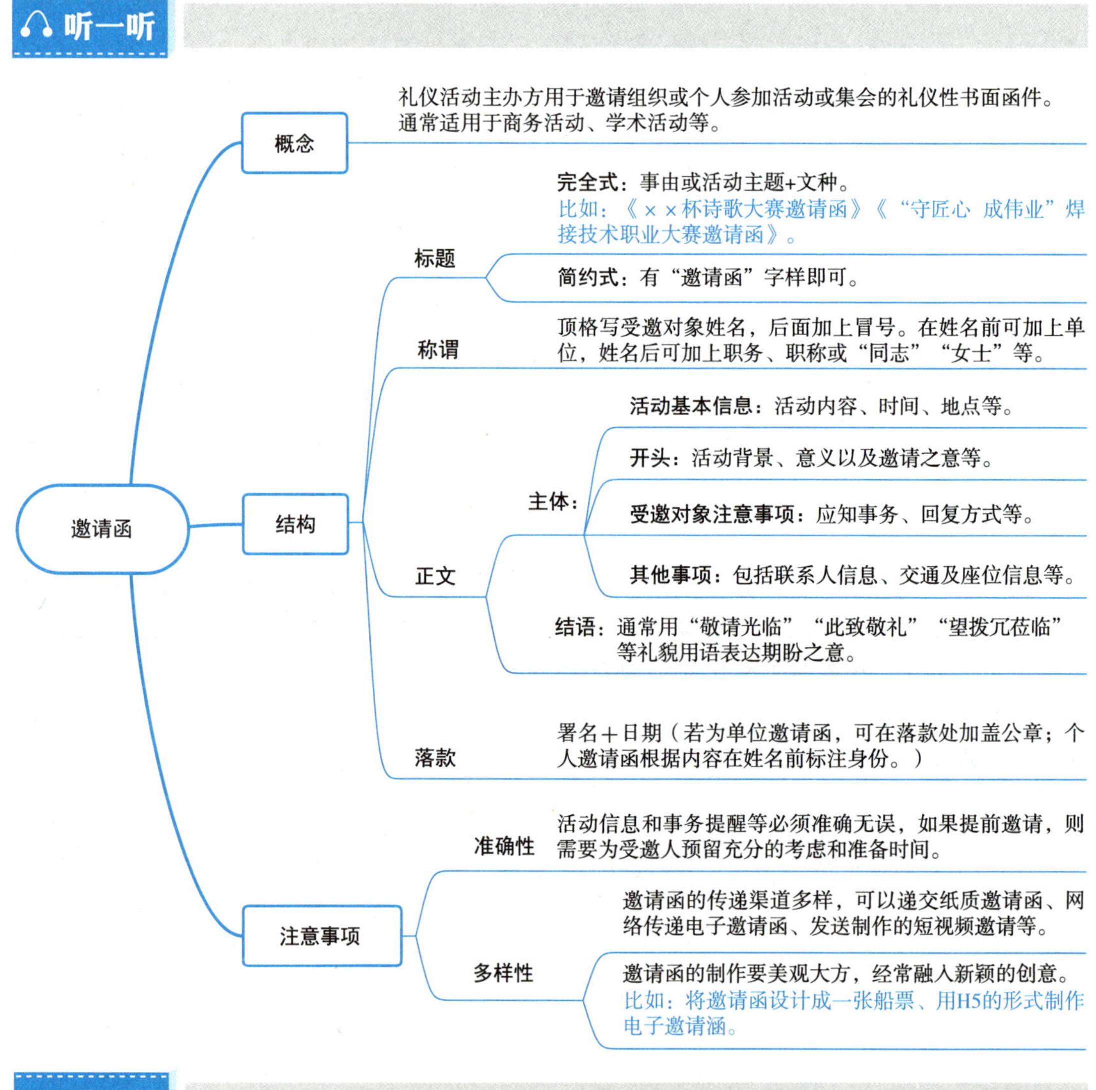

看一看

范文1

山海市高校学生会干部联席会
邀请函

山海大学学生会：

为加强山海市各高校学生会间的联系，增进干部交流，提升学生组织的引领示范作用，山海市青年联合会定于2025年5月30日（星期五）在山海大学举办以“沟通、合作、共赢、跨越”为主题的山海市高校学生会干部联席会。现诚挚邀请贵组织代表拨冗出席。

一、会议时间及地点

时间：2025年5月30日 9:00至17:00

地点：山海大学A区102学术报告厅

二、主办与承办单位

主办单位：山海市青年联合会

承办单位：山海大学

三、会议流程

（一）座谈会（A区102学术报告厅9:00—11:30）

介绍与会领导及嘉宾；

山海市青年联合会委员张洛致辞；

山海大学学生会主席作主题报告《同心山海　强国筑梦》；

全体合影。

（二）午餐（学子食堂三楼 11:45—13:20）

（三）校园参观（校史馆 13:30—14:20）

（四）自由交流（14:30—17:00）

各高校代表介绍学生会工作特色，并就“加强组织协作”“引领思想与成长服务”等议题提出建议。

（五）闭幕式（17:10—17:30）

联系人：刘小梅 13×××××××××

山海市青年联合会

2025年5月20日

范文 2

第二届国际工程产业合作大会暨第十一届山东-央企经贸合作对接会邀请函

各有关单位：

随着全球经济一体化的深入发展和“一带一路”倡议的持续推进，我国对外承包工程行业迎来了新的发展机遇。为进一步加强国内外工程产业的交流合作，广泛开展产业投资与合作，促进资源共享与优势互补，我会携手山东省商务厅及济南市人民政府，拟于2024年9月19—21日在山东省济南市举办“第二届国际工程产业合作大会暨第十一届山东-央企经贸合作对接会”。

本次大会旨在结合不同地区自然禀赋，通过搭建高端对话与合作平台，充分挖掘地方产业优势，探索产业链上下游企业与承包工程企业融合发展的新模式、新路径，协助我外经企业优化资源配置，抱团出海。会议期间将邀请山东省内石油工程装备、光伏风电等新能源电力设备、工程机械装备、建筑建材及物资以及境外投资、境外经贸合作区、对外承包工程与劳务合作等领域的企业参会，安排多场主题论坛、项目洽谈对接及企业考察等活动，涵盖基础设施建设、能源开发、装备制造、石油工程等多个领域，为参会者提供全方位、多层次的交流合作机会。

现诚邀贵司有关业务负责人参加大会，开展业务对接交流。报名截止时间为2024年9月10日。

期待在美丽的山东与您相聚，共襄盛举，共创辉煌！！

联系人：

刘××：13×××××××××

王　×：13×××××××××

邮　箱：×××@××.com

附件1：第二届国际工程产业合作大会暨第十一届山东-央企经贸合作对接会邀请函.pdf

附件2：参会回执.docx

中国对外承包工程商会

2024年7月31日

（https://www.chinca.org/CICA/info/24073116271511，有修改）

? 想一想

各小组分析范文后，选择一个题目，允许上网查询，完成课堂独学。

题目一：邀请函和请柬都属于邀请客人参加会议、典礼、聚会、活动的文书，它们的区别是什么？

题目二：我校即将举办一场演讲比赛，邀请相关老师作为评委，请你想一想有哪些邀请步骤。

题目三：邀请一位好友外出叙旧，你会选择哪种邀请方式？邀请时应当注意些什么？

组建学习小组，同学们互相分享各自的独学成果，并请同学们帮忙润色文稿。同时，记录下同学们独学思考中的闪光点和教师点评给予你的启发。

亮
点
闪
闪

瑕疵案例1

各位亲朋：

“闲来无事不从容，睡觉东窗日已红。万物静观皆自得，四时佳兴与人同。”又到一年中秋时，我们特邀各位共赏中秋圆月、欢庆中秋佳节。

时间：2024年9月18日

地点：山海市北湖××餐厅

瑕疵案例2

山海大学智能艺术创新大赛
邀请函

山海大学的小伙伴们：

随着人工智能技术的飞速发展，AI在艺术创作领域的应用越来越广泛，为了进一步推动AI技术与艺术创作的融合，激发创新思维，山海大学学生会，于2024年12月5日举办“山海大学智能艺术创新大赛”。我们诚挚邀请您参与这一盛会，共同见证科技与艺术的完美融合。

比赛信息如下：

1. 时间：2024年12月5日，早上9点到中午12点；
2. 地点：山海大学青春馆1楼艺术厅；
3. 主办方：山海大学学生工作部；
4. 承办方：山海大学学生会。

比赛流程：

1. 上午8点半到9点入场；
2. 上午9点到9点10分我校领导致辞；
3. 上午9点10分到11:30比赛；

4. 上午11:30到11:45我校展示智能机器人舞蹈、评委打分；

5. 上午11:45到12:00宣布比赛结果，比赛结束。

参赛者请将报名表提交给马××同学，邮箱是××××@×××.com，有任何问题找她就对了！

快来加入我们吧，期待在比赛中见到你们的身影！

山海大学学生会

2024.11.10

练一练

你家中的长辈即将迎来八十寿辰，准备邀请亲朋好友相聚，请你根据本节内容，制作一封邀请函。

晒一晒

请与同学交换并修改各自的“练一练”作业，根据教师的点评意见再次修改。完成修改后，将你的初稿、修改稿、定稿，以及“独学思考”“亮点闪闪”“改一改”部分拍照上传至学习平台，看看你在本节学习中取得了哪些收获吧！

考一考

你有2分钟时间完成题库中的5道选择题，加油！系统得分：__________分。

第六节 消息

听一听

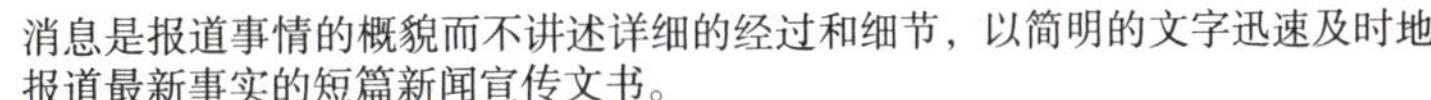

- 消息
  - 概念
    - 消息是报道事情的概貌而不讲述详细的经过和细节，以简明的文字迅速及时地报道最新事实的短篇新闻宣传文书。
    - 以写作特点为标准，常分类为动态消息、综合消息、典型消息、述评消息等。
  - 结构
    - 结构
      - 标题：通常采用多行标题，包括正题、引题、副题、提要题等，并采用不同字体、字号制作，以使之醒目。如《以人类前途为怀 以人民福祉为念——2024年春季中国元首外交纪事》《欢乐祥和过年 共享中华文化——海外华侨华人留学生喜迎新春》。
      - 电头：电头是位于消息正文前面的文字，用于表明新闻单位的名称、发稿地点和时间，常用格式为“××社××地××月××日电”或“本报讯”等。
      - 导语：概述介绍时间、地点、人物、事件及事件起因等“五要素”，点明主题，引起读者的兴趣。
      - 正文
        - **并列式**：常将众多主要事实并列叙述，并列叙述的事实需要具有相同或相似的重要性。
        - **倒金字塔式**：以新闻的重要程度、新颖程度等价值导向为逻辑线索，将新闻事实按照价值导向从重要到次要的结构书写。
        - **金字塔式**：按照时间顺序如实反映事件，消息内容的先后顺序应当和事件的先后顺序保持一致。
        - **菱形式**：此为一种“两头小、中间大”的结构。当新闻的主要内容复杂、要点过多、导语不能涵盖其信息量时，应将其置于主体部分分段叙述。
  - 注意事项
    - 及时有效：消息讲求时效性，消息的新颖性和及时性相辅相成。要关注大众所关注的新鲜事，反映社会新风尚、新视角和新事件等。
    - 鉴别真伪：消息应当真实客观，在写作中需有辨别消息真伪的能力，不得存在虚假和杜撰的情况。
    - 形式多样：在网络新媒体时代消息的表达更注重合理使用图片、音频、视频等。

看一看

范文1

联合国未来峰会在纽约闭幕

新华社联合国9月24日电　联合国未来峰会23日在美国纽约闭幕。会议通过了描绘世界未来发展蓝图的《未来契约》，旨在改革国际治理体系，振兴多边主义，以更好地应对新时代所面临的诸多挑战。

峰会通过的《未来契约》及其附件《全球数字契约》和《子孙后代宣言》，涉及可持续发展和发展筹资，国际和平与安全，科学、技术和创新及数字合作，青年和子孙后代，全球治理变革等五大领域。

（https://baijiahao.baidu.com/s?id=1811084555182888353&wfr=spider&for=pc）

范文 2

亮相上海F1赛场——安逸熊猫携哪吒全球邀客

本报讯（四川日报全媒体记者 吴梦琳） 3月21日至23日，“安逸四川 遇见极速上海”2025四川省文化和旅游宣传推广活动，借助2025F1中国大奖赛和上海汽车文化节这一“世界窗口”，在上海国际赛车场水景广场举行。活动通过主题推介、安逸巡游、文创展览等多样形式，展示了四川独有的安逸魅力。

在上海邂逅天府之国的自然与人文之美，开启一场别具一格的体验。四川省文化和旅游厅联合德阳、南充、凉山、汶川等地的文旅部门及多家文旅企业，通过创意展览和主题推介，向世界展示四川的独特魅力。

在3月22日上海国际赛车场水景广场主舞台举行的四川省文化和旅游（以下简称“四川文旅”）主题推介会上，四川文旅吉祥物“安逸熊猫”携手四川文旅推介官，围绕“阅山川”“观文博”“趣非遗”“乐自驾”四大篇章，以脱口秀、民族歌曲和非遗展演等形式，开启一场丰富多彩的春游四川之旅。

在四川文旅主题推介会上，四川文旅推介官通过轻松愉悦的体验式展演，从全球票房前五的“四川造”电影《哪吒之魔童闹海》，到令人心向往之的318国道；从神秘的三星堆，到百菜百味的四川美食；从李子柒笔下的四川非遗之美，到走向全球的自贡彩灯精妙技艺……与川剧变脸、民族歌舞、川北大木偶等相结合，为上海市民和游客呈现了一场多彩的巴蜀文化之旅。

3月23日举行的四川文旅主题演艺，包括《川剧变脸》、藏羌服饰秀《在一起》、彝族服饰走秀《朵洛荷》和苗族《苗韵新说》等民族风情表演，为观众带来视觉盛宴。

此次活动是四川文旅积极开展“一年四季游四川”主题宣传的重要组成部分。借助这一国际赛事，四川文旅特别在上海国际赛车场设立主题展区，围绕“安逸四川”“天府之国”“古蜀文明”“熊猫家园”四大名片，设置“哪吒”合影区、特色非遗展区、民族风情走廊、四川25条旅游风景道展区、熊猫专列以及318国道自驾展区等多个区域，为游客提供一站式体验，吸引了众多海内外游客前来打卡，享受丰富多彩的活动，感受巴蜀文化的独特魅力。

四川展区特别展示了多项四川非物质文化遗产，游客可以在成都糖画和长嘴壶茶艺等体验区亲自感受川工蜀艺的独特魅力。在展区内，既有蜀锦、蜀绣、漆器、青神竹编、彝族银饰等丰富的四川非遗技艺，也有川茶、川酒、熊猫玩偶、三星堆文创、藏文化文创以及宜人宜礼等产品，让游客充分领略四川的文化和特色。其中，《国之瑰宝·百猫图》和《中华精灵·百猴图》通过数字技术重新设计了数百幅摄影作品，生动展现了大熊猫和川金丝猴这两大“中国双宝”“四川名片”的灵动与魅力。天府旅游美食乐山钵钵鸡和五粮液特调咖啡的上海首秀也吸引了许多参展观众驻足品尝。

活动期间，在“安逸熊猫”的带领下，四川藏羌彝苗歌舞表演队带来“最炫民族风”，还有全球知名的“魔童”哪吒和“灵珠”敖丙的人偶与海内外游客互动，为参赛选手加油助威，并送上来自四川的热情礼包。

（https://epaper.scdaily.cn/shtml/scrb/20250325/324311.shtml，有修改）

范文 3

全球首次！人形机器人将与人类一起跑“半马”

新华社北京3月4日电（记者郭宇靖、张骁）　人形机器人将以体育为“媒”与人类同台“竞技”。记者3月4日从北京市政府新闻办公室举办的新闻发布会上了解到，4月13日，北京经济技术开发区（以下简称“北京经开区”）将同步举办面向人类和人形机器人的半程马拉松赛。人形机器人将与人类同步报名、同时鸣枪起跑、同跑一条路线，该形式尚属全球首次。

北京经开区工委委员、管委会副主任李全介绍，赛事起点位于北京南海子公园一期南广场，终点位于国家信创园，线路总长21.0975公里。为保障安全，人形机器人将拥有单独赛道，为其设置的“关门时间”约3小时30分钟。

比赛中，人形机器人可通过“换电”或更换机器人的方式接力参加全程比赛。结束后将依据完赛时间、人形机器人的更换次数开展综合评价。如更换机器人，每次罚时10分钟，“换电”则不罚时。比赛设置冠、亚、季军和鼓励性奖金，还设有完赛奖、最优耐力奖、最佳人气奖、最佳步态奖、最佳形态创意奖等系列奖项。

“天工”人形机器人在北京亦庄半程马拉松“亮相”（2024 年 11 月摄）。新华社发

参赛人形机器人须满足一定要求：结构方面，应具备人形外观，可以实现双足行走或奔跑等动作，不能是轮式结构；控制方面，可以手动遥控（包含半自主），也可以完全自主。参赛团队要确保人形机器人不会对赛道、其他参赛机器人和周边人员造成损害，必须遵守比赛路线、赛事规则、技术要求。值得一提的是，此次“半马”的起跑仪式也由人形机器人主持，赛后将上演机器人“大秀”和互动活动。

据悉，赛事报名时间为2025年3月5日10时至2025年3月11日17时，对人类和人形机器人同步开放。今年8月，北京还将举办世界人形机器人运动会。

主办方表示，组织人形机器人参加体育竞技活动，既可以加速技术突破、产品迭代和应用落地，使其更好服务于社会发展，也可以“体育为媒”，拉近前沿科技与社会大众的距离。这将是体育与科技、人类与人形机器人的“双向奔赴”。

（https://www.news.cn/sports/20250304/240dbb8c73c14a709ca0252cf3c8e114/c.html，有修改）

？想一想

各小组分析范文后，选择一个题目，允许上网查询，完成课堂独学。

题目一：“讯”和“电”的区别是什么？

题目二：引题、主题和副题区别是什么？

题目三：请以范文为例，分析该类消息的特征。

组建学习小组，同学们互相分享各自的独学成果，并请同学们帮忙润色文稿。同时，记录下同学们独学思考中的闪光点和教师点评给予你的启发。

改一改

瑕疵案例1

简　讯

××社成都12月讯　成都市第三届人文纪录片大赛于2024年12月18日圆满结束。大型人文纪录片《巴蜀》定于2025年1月10日在四川卫视正式播出，该纪录片由著名导演张大刚执导，由著名演员李小明和王小红出演，这两位优秀演员曾在电视剧《拼搏》中表现优异，现诚邀观众共同探索这一文化之旅。因此，该影片将引领观众深度探索地方文化的丰富内涵与各异的呈现方式。

瑕疵案例2

传统文化深入大学校园引热潮

2024年12月21日，正逢冬至来临之际，××大学在校园中举办了一次有关于传统文化的宣传活动。此夜月色如水，在校园广场上，学生们伴着一片灯火光影踏歌而舞，一场青春活力与传统风韵相结合的盛典就这样在会场开始了。

在这次由文学院主办的这次活动中，我们的学子身着汉服，积极参与猜灯谜、对对子和投壶等小游戏，这令本校学子们能够更加深刻地体验到古人的娱乐活动。因为这次活动精彩而又丰富，本校学生们对传统文化的热情更为高涨。可以说，本次活动是学生们在游戏过程中学习诗词字句，在趣味中认识优秀传统文化的极好方式。

此次活动的顺利开展，有助于本校宣传中华民族的优秀传统文化，增强学生们的文化自信，提升学生们的民族自豪感。在本校，中华民族优秀的传统文化深入校园仍有一段道路需要前行。如何让优秀的传统文化融入本校师生的日常生活之中，如何激发校园的文化创新力，依旧是当下需要思考的问题。

练一练

请你以校园报社中记者的身份，重新为瑕疵案例2的活动写一篇消息。

晒一晒

请与同学交换并修改各自的“练一练”作业，根据教师的点评意见再次修改。完成修改后，将你的初稿、修改稿、定稿，以及“独学思考”“亮点闪闪”“改一改”部分拍照上传至学习平台，看看你在本节学习中取得了哪些收获吧！

考一考

你有2分钟时间完成题库中的5道选择题，加油！系统得分：____________分。

学习生活——学霸小明

古人所云“三更灯火五更鸡，正是男儿读书时”的勤学精神，在现代工科教育中呈现出新的样态。智能汽车专业学生小明，虽未达通宵达旦之境，却面临着双重压力：其一，智能汽车专业的课程内容与时俱进，授课教师会在每次教学中动态融入该领域内最新的科研成果。其二，同侪竞争激烈——其所在寝室的四人中，便有两人获得竞争激烈的吉利集团奖学金(全校仅10个名额)。在这种压力体系下，基础学科的教学同样严谨，语文教师始终秉持“调研先行”原则，以实际行动践行“没有调查就没有发言权”的教育理念。

第一节 调查报告

听一听

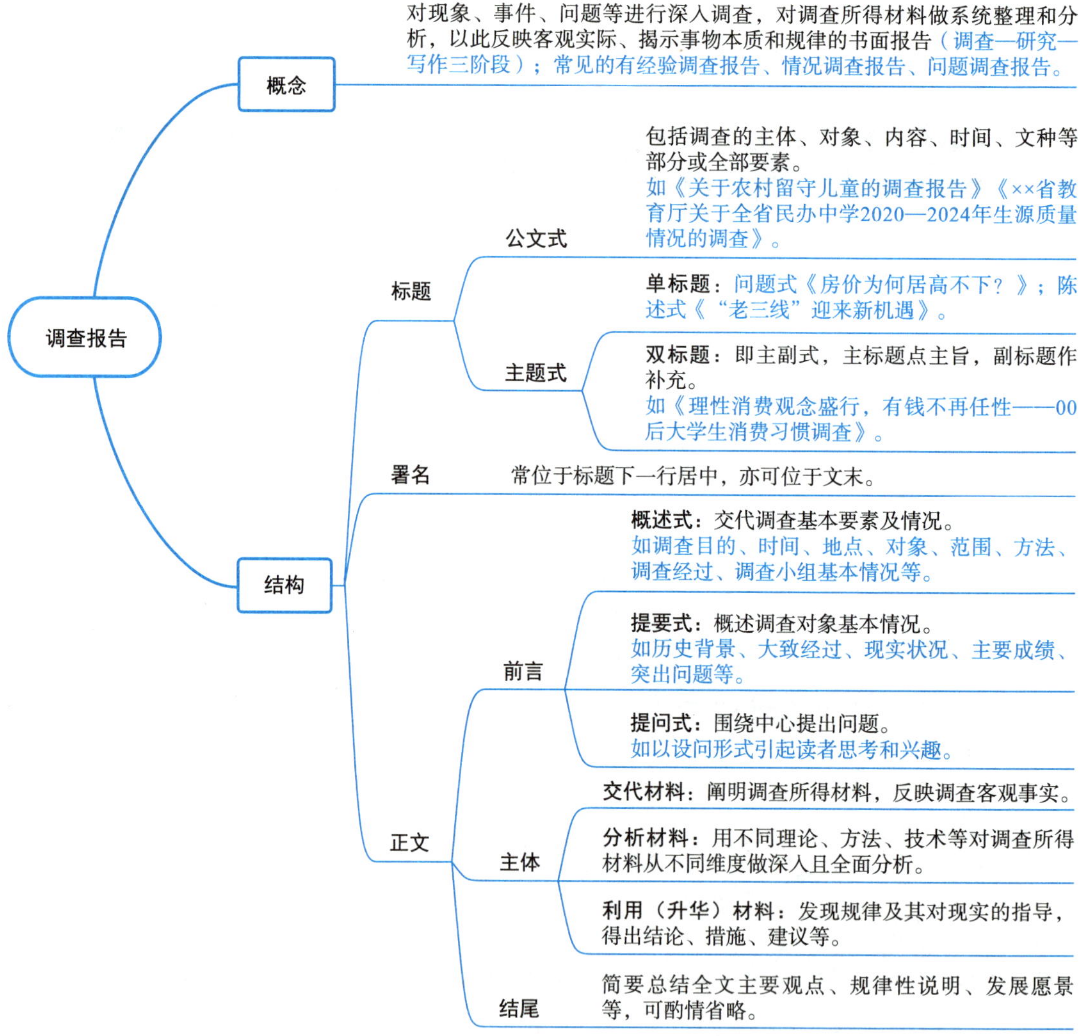
调查报告
概念
对现象、事件、问题等进行深入调查，对调查所得材料做系统整理和分析，以此反映客观实际、揭示事物本质和规律的书面报告（调查—研究—写作三阶段）；常见的有经验调查报告、情况调查报告、问题调查报告。
结构
标题
公文式
包括调查的主体、对象、内容、时间、文种等部分或全部要素。
如《关于农村留守儿童的调查报告》《××省教育厅关于全省民办中学2020—2024年生源质量情况的调查》。
主题式
单标题：问题式《房价为何居高不下？》；陈述式《“老三线”迎来新机遇》。
双标题：即主副式，主标题点主旨，副标题作补充。
如《理性消费观念盛行，有钱不再任性——00后大学生消费习惯调查》。
署名
常位于标题下一行居中，亦可位于文末。
正文
前言
概述式：交代调查基本要素及情况。
如调查目的、时间、地点、对象、范围、方法、调查经过、调查小组基本情况等。
提要式：概述调查对象基本情况。
如历史背景、大致经过、现实状况、主要成绩、突出问题等。
提问式：围绕中心提出问题。
如以设问形式引起读者思考和兴趣。
主体
交代材料：阐明调查所得材料，反映调查客观事实。
分析材料：用不同理论、方法、技术等对调查所得材料从不同维度做深入且全面分析。
利用（升华）材料：发现规律及其对现实的指导，得出结论、措施、建议等。
结尾
简要总结全文主要观点、规律性说明、发展愿景等，可酌情省略。

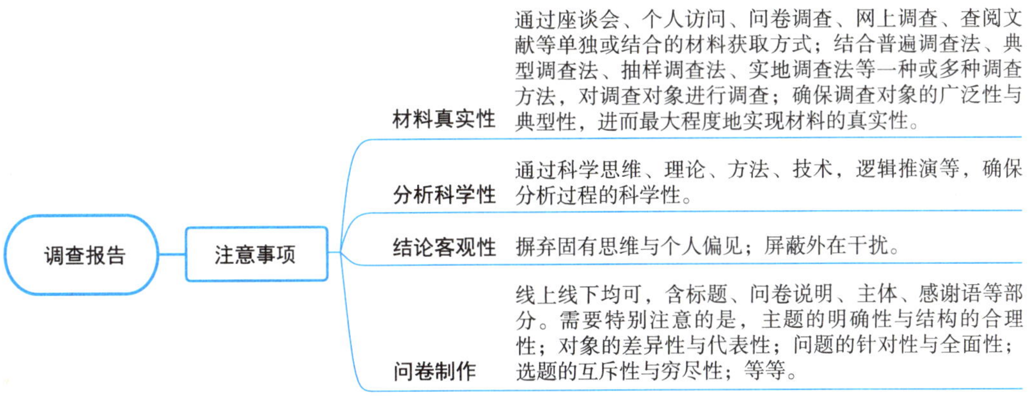

调查报告 — 注意事项

- 材料真实性：通过座谈会、个人访问、问卷调查、网上调查、查阅文献等单独或结合的材料获取方式；结合普遍调查法、典型调查法、抽样调查法、实地调查法等一种或多种调查方法，对调查对象进行调查；确保调查对象的广泛性与典型性，进而最大程度地实现材料的真实性。
- 分析科学性：通过科学思维、理论、方法、技术，逻辑推演等，确保分析过程的科学性。
- 结论客观性：摒弃固有思维与个人偏见；屏蔽外在干扰。
- 问卷制作：线上线下均可，含标题、问卷说明、主体、感谢语等部分。需要特别注意的是，主题的明确性与结构的合理性；对象的差异性与代表性；问题的针对性与全面性；选题的互斥性与穷尽性；等等。

看一看

范文1

关于××学院大学生课余生活状况的调查报告

××学院××课题组

课余生活是大学生活的重要组成部分，对大学生的身心健康、社交能力和兴趣培养等方面有重要影响，关系到学生的全面发展。然而，部分学生对课余生活的重要性认识不足。有的学生在课余生活中沉迷于游戏，有的课余生活单一，有的作息时间不合理等，以致课余生活质量不高。如何引导我校学生科学合理利用课余时间，提高课余生活质量，进而提高学校人才培养质量，是一个不可回避且亟须解决的问题。基于此，我校××课题组在学校进行了深入调查，通过对调查材料的系统整理与科学分析，得出了调研结论，并提出了相关对策与建议。

1. 调查情况

1.1 调查对象及方法

××课题组采用典型调查法、抽样调查法等调查方法，通过个人访谈、网上调查等方式，于××年××月—××年××月，在全体学生中共选取800名参与者作为调查研究对象，就大学生课余生活情况开展了全面而深入的调查。为了确保样本的典型性与多样性，参与者包括不同性别、不同年级、不同身份（学生干部、社团成员、艺体组织成员、奖助等特殊群体、普通学生等）的大学生。

1.2 问卷设计

为全面了解不同学生的大学课余生活情况，问卷内容涉及6个方面（社团活动、自主学习、社会实践、交友娱乐、艺体爱好、假期生活），共计21个问题（涉及社团活动、考公考研、志愿者、网络游戏、社交、恋爱、锻炼、兼职等方面），详见附件。

2. 数据分析

2.1 数据收集与分析方法

通过采取多种调查方式方法，共发出800份调查问卷，收回有效问卷778份，在收回的

778份问卷中：男生379份（占比48.7%），女生399份（占比51.3%）；大一学生200份（占比25.7%），大二学生194份（占比24.9%），大三学生195份（占比25.1%），大四学生189份（占比24.3%）。

2.2 数据分析

课题组主要从6个方面对收集的数据进行了分析，具体如下：

2.2.1 参与社团活动情况

如图2.1所示，就不同年级学生参加社团活动在本年级所占比例而言：大一年级占比67%，大二年级占比50%，大三年级占比33.3%，大四年级占比19.6%；造成学生年级越高参加社团比例越低的原因主要有大学目标逐渐明确、学习任务逐渐加重、就业压力日益增大、对社团的新奇感与满意度逐渐降低。

就参加学生社团数量而言：57.2%的同学在课题组调查期间没有参加社团，说明大多数同学对社团不够了解，同时社团的吸引力还有待提升；35.2%的同学在此期间参加了1~2个社团，仅7.6%的同学在此期间参加了3个及以上的社团，说明同学们需要进一步拓宽兴趣爱好的领域。

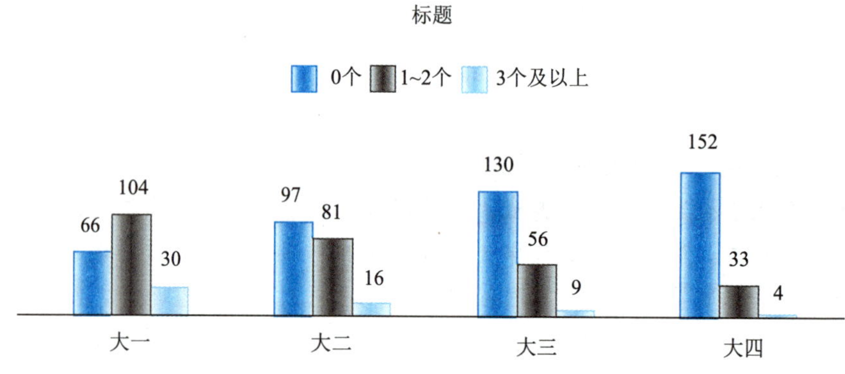

图 2.1　不同年级学生参与社团情况统计

加入社团原因，如图2.2所示。（略）

对社团活动满意情况，如图2.3所示。（略）

2.2.2 自主学习情况（略）

2.2.3 社会实践情况（略）

2.2.4 交友娱乐情况（略）

2.2.5 艺体爱好情况（略）

2.2.6 假期生活情况（略）

3. 结论与建议

3.1 社团活动参与度不均衡，社团组织建设与管理需进一步加强

通过数据分析，我校社团组织存在“双少”现象，即学生参加社团组织的数量少，社团组织的活动受学生欢迎的少。学生加入社团的主要原因是发挥特长，扩大交际面，拓展兴趣爱好，然而因社团活动未达预期导致满意度不高，存在满怀希望而来，却失望而去的现象。

目前，我校大多数社团活动都是在相关部门的统一安排下开展的。活动内容同质化严重，质量有待提升；活动形式较单一，讲座、低层次比赛偏多，缺乏吸引力，以致多数社团及学生疲于应付，参与积极性不高。

基于此，提高社团活动质量需做到三点：一是建立科学合理的制度体系，反对“官僚主义”“形式主义”，社团活动在“质”上下狠功夫；二是倾听学生的实际需求，社团活动由“配餐制”转为“点餐制”；三是加强思想引领，提供专业化指导，抓大放小，充分发挥社团组织的积极性。

3.2 自主学习内驱力不足，学风建设亟待加强（略）

3.3 社会实践目标不明确，建立在校实践与毕业工作的相互联系（略）

3.4 交友娱乐（略）

3.5 艺体爱好（略）

3.6 假期生活（略）

4. 小结

课余生活是大学生彰显个性、丰富内涵、提升思想境界、拓展知识技能的重要载体，能直观反映校园文化和办学特色。课余生活质量的高低与学生综合素养紧密相关，是高校人才培养质量的重要体现。不断完善学生管理和激励机制，组织开展优质课外活动，引导学生自我管理，是提升学生课余生活质量、增强综合素质的有效途径。

附件（略）

范文 2

省级政府和重点城市一体化政务服务能力调查评估报告（2022）目录

中央党校（国家行政学院）电子政务研究中心

目 录

图目录

表目录

专栏目录

（选自中央党校（国家行政学院）电子政务研究中心，《省级政府和重点城市一体化政务服务能力调查评估报告（2022）》）

范文 3

警惕城市夜景光污染

我每年回家的必经之路，便是县里最宽敞、最干净的迎宾大道，它是县城一张闪亮的名片。近几年来，夜晚的道路也悄然发生着变化，五颜六色的小灯装饰着迎宾大道绿化带，营造了光怪陆离又生机勃勃的夜城市氛围。“晚上回家的路上也不用提心吊胆了”“晚上可以和姐妹们出去散散步、消消食、买买买了”“这些福字形的灯笼很有年味，看到这些路灯心里就暖洋洋的”。可以看出，县城实施城市亮化工程，一是切实解决群众夜间安全出行“最后一公里”问题，让群众出行安心、出行安全；二是盘活夜间消费市场，提振经济；三是美化城市环境，提升城市的整体形象。

作为一名环保工作者，我看着这美丽的城市灯光夜景，却犯起了“职业病”，思考亮化工程的实施是否对生态、环境和气候等方面产生负面影响。通过观察部分城市照明系统，总体感觉实施的城市亮化工程有三个特点：“亮密集”“亮彩色”和“量太大”。

首先是“亮密集”，即灯光的密度大。密度大体现在两方面。一是相邻的照明设施间距逐渐缩小。比如迎宾大道的照明设施，从几年前的隔几棵树设置一处，到今天的每棵树都身着“黄金甲”、每丛灌木都身着“锦绣衣”。二是每个照明设施上设置的小灯密度大。比如为了形成更加生动、细致的造型，每棵树从树干到枝头都安置了数不尽的小灯。

其次是“亮彩色”，即灯光的颜色五彩斑斓。回忆起小时候，灯光的主色调大多是白光或者暖黄光，而现在的灯光可以说赤橙黄绿青蓝紫一应俱全，一方面这得益于照明科技的进步，另一方面也反映照明设施的功能从提高城市亮度拓展到提高城市的可观赏性。

最后是“量太大”，即照明设施数量太大。在县政府网站搜索“亮化”，检索结果多为“大力实施美化亮化工程”的标题。虽然我看到的只是迎宾大道的一段亮化景象，但从这几年亮化工程实施的速度与范围来看，照明设施的数量应当是远大于照明和适度美化需求的。

由此现象可以看到，迅速铺展开的亮化工程，给城市带来了美丽，但这美丽的背后也存在诸多代价，主要包括以下三个方面：

代价一：浪费财力，损失电力，增加碳排放

实施亮化工程意味着消耗财政资金购买照明设施并给其供电，而用电则会增加碳排放。从损失电力的影响来看，2023年夏天，罕见热浪袭击我国多省，导致电网负荷激增，四川甚至需要通过限电来度过这艰难时刻。这给我们敲响了警钟，我国仍有地区存在缺电的风险。从增加碳排放的影响来看，过度的亮化照明会增加能源消耗，从而增加城市碳排放，这与我国向绿色低碳的发展道路转型的目标是相悖的。

代价二：破坏城市植被生态平衡

随着城市化进程的快速发展，城市植被逐渐变成人们生活中的“奢侈品”，绿化也成为一个城市文明的重要指标。然而，遍地开花的夜间照明悄然成为城市植被的杀手。不合理的照明方式，不仅给城市植被带来直接影响，还通过影响鸟类及昆虫的夜间休息及活动，进而间接影响城市植被生态平衡。

代价三：光污染威胁人类健康

光污染是继废气、废水、废渣和噪声等污染之后的一种新的环境污染源。由于光污染没有污染物残留，随着光源的消失而自动消除，因此一些专家把光污染称为“隐形杀手”。在一些城市，过度亮化成为居民投诉的重要环境问题。光污染会影响人的生理节律，造成睡眠障碍，干扰人们的正常工作和生活。

建设生态文明，坚决不能走“先污染后治理”的老路；城市照明系统建设，也不能走“先亮化再节能”的道路。笔者认为在城市化快速扩张的进程中，实施亮化工程应着重在以下三方面下功夫：

在贯彻落实“双碳”目标，筑牢低碳环保理念上下功夫。理念是行动的基石，只有深入贯彻落实新发展理念和“双碳”目标，才能避免亮化过度引发的“城市病”。我们应当树立正确的“城市美化观”，将照明与科技、艺术、低碳有机结合，点亮典雅精美的城市天际线。

在科学规划布局、源头防控光污染上求实效。在碳达峰、碳中和目标下，全国多省市发布照明节能改造新规和节约用电倡议。广州市住房和城乡建设局印发《广州市城市照明专项规划（2021—2035）》，提出将持续推进照明设施节能改造，深化城市照明低碳、降碳改革。编制并落实照明专项规划，是牢牢把控光污染源，做到“防”大于“治”的有效管理手段。

在创新技术手段、发展节能环保装备上见真章。一方面是通过宣传节约用电的意识，减少不必要的用电消耗量；另一方面则是通过科技手段，不断升级节电产品，使其用较少的电耗达到同样的亮度。因此，创新节能科技，多推广使用节能产品，也是实施亮化工程中的重要举措。

我们警惕城市光污染，不是为了因噎废食禁止使用景观性照明，而是为了科学合理、可持续地运用它。在我国力争实现温室气体排放目标的大环境下，节能减排必定是目前及未来几十年内的重要工作。个人认为，城市夜景光污染是一个虽然公民看起来习以为常，但大有可为的城市生活减排抓手。因此，尽快进入“知之而克制”的照明使用阶段，才能够实现“星汉灿烂，若出其里”的美丽夜景与碳减排的双赢。

（https://www.zj.gov.cn/art/2023/8/7/art_1229415698_60154369.html，有修改）

？想一想

各小组分析范文后，选择一个题目，允许上网查询，完成课堂独学。

题目一：以选文为例，找出你认为最精彩的段落或语句，并说明理由。

题目二：在调查问卷的设计中，如何做到选题的互斥性与穷尽性？

题目三：在调查过程中，如何确保样本的有效性？

题目四：调查报告一般会经历调查、分析、写作三个阶段，结合选文，思考“调查”阶段可能采用的方式方法。

组建学习小组，同学们互相分享各自的独学成果，并请同学们帮忙润色文稿。同时，记录下同学们独学思考中的闪光点和教师点评给予你的启发。

亮点闪闪

改一改

瑕疵案例1

大学生阅读习惯调查问卷

××您好!我们正在进行一项调查，恳请您务必帮忙填写这份问卷。题目选项无对错之分，请按自己的实际情况填写，感谢您的支持与帮助。

1. 您每天课外阅读时间是多少？（ ）

A. 小于1小时　　B. 2小时以内　　C. 2～3小时　　D. 3小时以上

2. 您每天阅读地点在哪里？（ ）

A. 教室　　B.图书馆　　C.公寓阅读室　　D. 考研自习室

瑕疵案例2

这是某高校一份关于大学生手机游戏消费状况的调查问卷，其中选取了“研究结果”的部分内容，请找出不合理之处。

……

三、研究结果

（一）调查对象

此次调查采用线上的形式本校学生发放问卷，共收集有效问卷800份。调查对象中的各项分类数据合理，样本具有较好的代表性，如表1所示。

表1　调查对象人口统计学特征分布

项目	类别	人数
性别	男	428
	女	372
户籍所在地	城镇	485
	乡村	315
学科偏向	文科	347
	理科	453
就读年级	大一	228
	大二	244
	大三	199
	大四	131

（二）手游消费现状

1. 游戏品类多元化

调查数据表明，《王者荣耀》等MOBA类游戏参与人数最多，占比78.23%；值得注意的是，2023年8月上市的客户端游戏《黑神话：悟空》带动角色扮演类游戏热度提升，动作角色扮演类（ARPG）手游参与人数占比达61.41%；卡牌对战类、沙盒建造类、休闲益智类游戏参与人数占比相近，均约40%。数据表明，大学生手游选择呈现多品类均衡发展特征。

2. 普遍具有消费意愿

在手机游戏消费金额这一问题中，消费金额小于10元的大学生仅占9.86%；消费金额在10~500元区间的大学生占比为41.23%；32.81%的是500~1000元；消费金额超过1000元的大学生大约有14.68%。同时，我们惊喜地发现，有2.12%的同学几乎没有进行手游消费，详见表2。调查结果充分表明，大学生群体普遍具有手游消费意愿，而且大部分学生的手游消费意愿比较强烈。

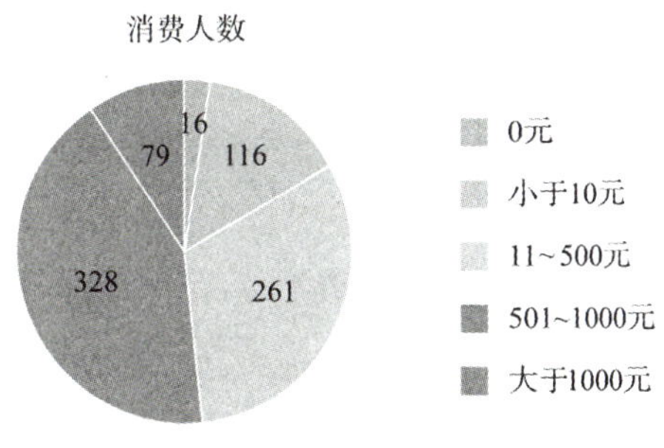

图 1　调查对象基本信息

练一练

根据所学知识，结合调查报告的写作目的、思路、材料、内容等要素，制作一份“大学生阅读习惯调查问卷”。学有余力者，利用课余时间在本班开展相关调查，并形成调查报告。

晒一晒

请与同学交换并修改各自的“练一练”作业，根据教师的点评意见再次修改。完成修改后，将你的初稿、修改稿、定稿，以及“独学思考”“亮点闪闪”“改一改”部分拍照上传至学习平台，看看你在本节学习中取得了哪些收获吧！

考一考

你有2分钟时间完成题库中的5道选择题，加油！系统得分：__________分。

第二节 学术论文

听一听

- 学术论文
  - 概念：广义的学术论文是指通过学术写作形成的书面文字。本节是指一种表述学科领域的学术性研究成果的析理性应用文体，常见形式有学业论文、投稿论文、命题论文等。
  - 结构
    - 前置
      - 题名：论文重要内容与亮点的高度概括，是文献检索依据，具有准确、简练、醒目等特征，以不超过25字为宜，必要时可加副标题。如《机器人使用的税收红利：基于新质生产力视角》《论杜甫退朝后的曲江饮酒诗及其醉中史笔》。
      - 作者信息：表明著作权及文责自负，位于论文首页左下角脚注处（含姓名、出生年月、民族、籍贯、工作单位、学历、职称、研究方向、联系方式等内容），作者可多人（根据贡献大小排序，若单位不同可在名字右上角用数字区分，如张三²）。
      - 摘要：用一段严谨简明的文字对论文内容不加注释与评论地简短陈述（一般包括研究目的、方法、结果和结论），使读者不读全文即可知必要信息，原则上字数与正文相适应，150~400字较常见；在摘要或正文之后宜加外文摘要，其内容与中文摘要相对应，意涵更丰富。
      - 关键词：在论文题目、摘要、正文中选取的表达论文主体内容或中心思想的3～8个名词或名词性短语，关键词之间用分号隔开，不宜用“理论”“方法”等泛指词；外文关键词与中文对应，忌生造单词。
      - 其他项目：非必备内容。可标注项目名称及项目编号；收稿时间；参考文献格式；二维码、网址、作者声明等。
    - 正文
      - 引言
        - **要求**：行文言简意赅，篇幅短小精干，通常占正文的3%~5%（含研究背景、目的、理由、预期结果及其意义和价值，忌与摘要重复或注解摘要）。
        - **研究背景及领域**：该领域现有成果的高度概括和综述。客观评价前人成果，忌为引出写作目的而有意贬损或片面评价；如实介绍自己的成果，忌自我拔高。
        - **研究问题及目的**：指出现有研究的不足或缺陷，提出论文探讨的实质问题及研究目的。
        - **研究方法及逻辑**：概述文章采用的研究方法以及主体的论证逻辑。
        - **研究价值及不足**：含理论价值、实践价值，因研究不足引出的新研究等。
      - 主体：核心部分，语言简明、准确，不用第一人称。重点突出首创性，围绕“怎样研究”，完整、详细阐述论点、论据、论证。其结构一般由形式逻辑与辩证逻辑相结合的章节构成（忌用“××的概念”等教科书式标题），以3～5章常见，每章一般不超过4个层级（各层级用下圆点相隔，如“1.1”）；结构逻辑的关联性可以是论题的演绎、意义层的推进，问题的归纳、结论的递推等。
      - 结论：非必备内容，若无结论，以结束语替代，包括文章遗留的未解之题、未来研究设想等。若有结论，需要与引言呼应，篇幅约占正文的3%～5%，是研究结果和论点的概括和提炼（忌对摘要及主体章节内容简单复述），包括论证的问题，对现有研究的修正、补充、发展、证实或否定及对策建议等。
      - 致谢：非必备内容。作者对论文的生成产生贡献的组织或个人予以感谢的文字记录；一般不编章编号，与正文字体不同，常见于学业论文。
      - 参考文献（含引注）：对论文信息资源或数据在文中或文末的信息源记录，是学术规范与诚信的体现，是对他人学术成果的尊重和自我成果的保护（凡引用、同义转述或概述的内容，无论发表与否、纸质或电子版均作引注），分阅读型（著者已阅读或供读者深入阅读）和引文两种（直接引用），以“引”“注”呈现（“引用”参考文献原文及同义转述或概述，于文末以数字加方括号标注如[1]；“注释”正文特殊情况，于该页地脚以数字加圆圈标注①），具体要求应符合《信息与文献 参考文献著录规则》（GB/T 7714—2015）规定。
    - 附录：非必备内容，是正文部分有关内容的补充说明（仅编排影响正文条理性和逻辑性、有碍论文结构紧凑性、对突出主题有较大价值的材料；或某些重要原始数据、数学推导、计算程序、设备、技术等详细描述），以大写英文字母依序连续编号，如附录A。

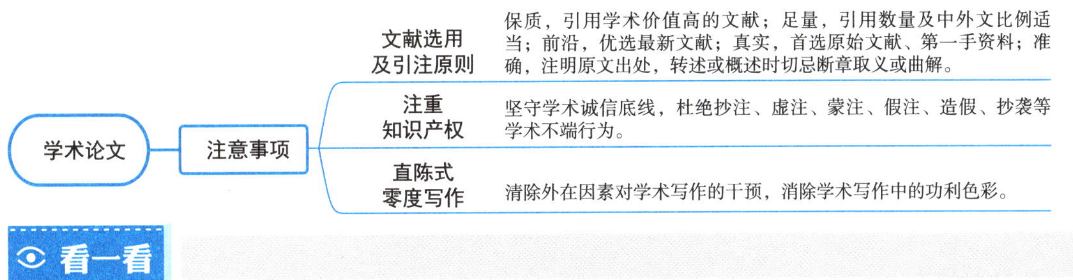

看一看

范文1

发行视角下我国数字游戏的价值链解构与优化

——以《黑神话：悟空》为例

王××

摘　要： 发行是数字游戏产业价值实现的核心枢纽，连接游戏企业、开发者与玩家群体，承担IP价值开发与风险管控的双重功能。文章以《黑神话：悟空》（版号：国新出审〔2024〕1234号）游戏为例，探讨其开发者游戏科学公司如何通过IP挖掘与合规审查、本地化测试与多平台制作、全球化发行与社区运营、跨媒介IP开发等路径实现价值增值。研究发现，数字游戏行业面临监管滞后性（如版号审批周期与内容更新速度矛盾）、版权经营碎片化、全球化发行合规风险等结构性困境，需构建“制作—发行—衍生”全链条治理体系以优化产业生态。

关键词： 黑神话：悟空；价值链；数字游戏；版权经营；结构转型

Abstract：Distribution serves as the core hub for realizing value in the digital game industry, connecting game companies, developers, and player communities, while managing IP value development and risk control......

Key words: *Black Myth: Wukong*; Value chain; Digital games; Copyright operation; Structural transformation

作为国内第一款真正意义上的3A游戏①（Triple-A Game），以神话小说《西游记》为背景改编制作的单机动作类角色扮演游戏（Action Role-Playing Game，ARPG）《黑神话：悟空》于2024年8月20日通过Steam/PS5/Epic等平台全球同步发行，首周销量突破500万套，创收逾3亿美元。该作品在国内游戏圈乃至整个文娱行业掀起巨浪，并引发世界范围内的广泛关注与热烈反响。

…………

基金项目：教育部人文社会科学研究青年基金项目：数智时代……传播研究（24YJC76××××）。

作者简介：王××，副教授，传播学博士，××大学文学与传播学院，主要从事……，Email：××××@163.com。

注释：

① 3A游戏，通常是指那些拥有高开发预算、高品质保证以及高市场推广投入的游戏作品。这三个“A”分别代表了“A lot of money”（大量资金）、“A lot of resources”（大量资源），以及“A lot of time”（大量的时间投入）。《黑神话：悟空》开发历时6年，投入超8亿元人民币，全球媒体均分89分，符合国际3A标准。

参考文献：

[1]何威,李玥.符号、知识与观念:中华优秀传统文化在数字游戏中的创新转化[J].江苏社会科学，2024(1)：232-240.

[2]关萍萍.互动媒介论：电子游戏多重互动与叙事模式[M].杭州：浙江大学出版社，2012：175.

[3]曹书乐，刘宣伯. 从《西游记》到《黑神话:悟空》：孙悟空的游戏形象变迁与跨媒介叙事[J]. 中国数字出版，2024，2(05)：27-34.

[4]王学涛.《黑神话：悟空》火了!中国古建“出圈”了![N].新华每日电讯，2024-08-23（10）.

范文 2

沉迷数字游戏与大学生体质健康关系及对策研究

（摘要、关键词部分略）

目　录

（略）

注意：学术论文要求格式规范，但不同学校要求不尽相同。以完成本科毕业论文为例，在论文指导教师全程帮助下一般会经过以下阶段：确定论文题目（开题）—完成文献综述—撰写开题报告—形成初稿—论文修改—完成定稿（正文部分一般不低于8000字）—完成毕业答辩。

? 想一想

各小组分析范文后，选择一个题目，允许上网查询，完成课堂独学。

题目一：学术论文的构成部分有哪些？

题目二：常见的学术不端行为有哪些？

题目三：常见的学术文献平台有哪些？怎样快速搜索有效的文献资料？

独学思考

组建学习小组，同学们互相分享各自的独学成果，并请同学们帮忙润色文稿。同时，记录下同学们独学思考中的闪光点和教师点评给予你的启发。

改一改

瑕疵案例1

全球金融危机背景对教育学博士生多元化就业的影响

——成都“张开双臂”欢迎全球人才，一揽子措施支持青年才俊在蓉就业

（摘要、关键词、引言部分略）

一、引言

二、什么是金融危机以及造成的影响

（一）金融危机的定义

（二）金融危机的影响

1. 对全球的影响

2. 对中国的影响

三、我国教育学现状

（一）我国教育学不同学历层次的构成

1. 教育学本科情况

2. 教育学研究生情况

（二）教育学博士生多元化就业及其成因

1. 全球分布情况

2. 行业分布情况

3. 地域分布情况

四、教育学博士生多元化就业的正确引导

1. 思想引导

（1）金融危机下的世界人才观

（2）就业观影响——创业带动就业

2. 政策引导

（1）国家顶层设计——全国一盘棋

（2）地方政策——以成都市一揽子政策为例

五、结论

（略）

瑕疵案例2

大学生就业关系重大，所以我在网上收集了很多关于大学生就业的资料，并且写了一篇文章。通过对相关文献的定量与定性分析，揭示大学生就业研究在方法、理论和实践层面的主要特点和趋势。

在就业政策与支持措施方面，为了应对大学生就业难的问题，国家出台了多项就业促进政策。这些政策主要包括鼓励高校毕业生到基层和中西部地区就业、提供就业补贴和创业扶持、加强就业指导和服务等（周晨，2014）。具体来说，政府通过一系列激励措施，如财政补贴、税收优惠和专项基金，来吸引毕业生前往经济欠发达地区工作。此外，还设立了多种创业支持项目，为有志于自主创业的大学生提供资金、技术和培训方面的帮助。同时，高校也加强了职业规划与就业指导服务，举办多种形式的创新创业活动，帮助学生更好地适应市场需求，提升求职竞争力。

练一练

结合所学专业与个人兴趣，围绕一个主题多途径地查找参考文献，学有余力者试着撰写文献综述。

晒一晒

请与同学交换并修改各自的“练一练”作业，根据教师的点评意见再次修改。完成修改后，将你的初稿、修改稿、定稿，以及“独学思考”“亮点闪闪”“改一改”部分拍照上传至学习平台，看看你在本节学习中取得了哪些收获吧！

考一考

你有2分钟时间完成题库中的5道选择题，加油！系统得分：__________分。

第三节 科普文章

听一听

科普文章

- 概念
  - 科普文是以科学信息为内容，以科学普及为目的，具有科学性、知识性、通俗性、文学性等特征的实用文。其题材范围广，包括自然科学、人文社会科学领域；传播形式多，包括传统媒介、新媒体等。
- 结构
  - 标题
    - 选题的集中体现
      - **突出主题型**：文简意丰，通俗易懂的直接交代写作主题。如《少费水，才能少水费》《聚焦：直击流感侵袭》《国庆礼赞 看大国重器》。
      - **新奇风趣型**：以调动情绪，产生心理暗示为原则，巧用谐音、字词点号、警醒性词语、网络热词等，打破读者先入为主的经验化认知。如《"石"在不好，一支结石部队正在攻城拔寨》《"碎片化睡眠"比熬夜更伤身》《大海也会"秃"！治疗海洋"脱发"，试试这剂良药！》。
      - **其他类型**：在地理、情感上贴近读者，如重庆老火锅文化科普《好个九宫格，你竟然"涮"了整个世界》《一招治好你的拖延症》合理使用"主谓与非主谓句，单复句，陈述、疑问、感叹、省略句"等句型句式，如《行程码怎么知道你到过哪儿？》《安全驾驶"五字诀"！》。
  - 正文
    - 提出问题（引入）
      - **为何要引**：简要介绍文章主题和背景，重点挖掘所引内容与科普内容相关的连接点。
      - **从何处引**：热点话题；趣味故事；作者和读者具有相同经历等。
      - **引用技巧**：可采用疑问手法、设置小说式悬念等形式切入，与读者产生共鸣，满足读者需求，切中要点、痛点，激发阅读兴趣，由小处着手拓展到大讨论。
    - 解读问题（主体）
      - 坚持原则
        - **科学严谨**：做到真实准确、言之有物、有理有据。如推测、论证的理论、数据支撑及过程的逻辑合理性；在时间尺度中，年月日等的规范性；新闻类科普作品的时效性等。
        - **耐读易懂**：使用比喻、对比等手法，使文章理性和感性并重。
      - 借助新技术：辅助写作，分析并应对传播体系及读者的变化，进行多形式呈现（如文字，数据可视化、漫画等图形，音视频，沉浸式全息空间等），多途径传播（传统媒介、视频拍摄与制作、数字人+短视频、公众号、喜马拉雅、抖音、B站等）。
      - 创意表达：增强可读性及代入感，与读者意识相辅相成。
      - 不同角度：从作者的专业特长、科普内容本身、读者需求等角度对引入主题进行具体展开，与读者进行交流互动。
    - 升华问题（结尾）：科学发展永无止境，科学知识在一定程度上具有时效性，故结尾处需留有余地，使文章具备一定的时空超越性；从科技本身上升到生活哲理或精神世界；提出假想，引发读者兴趣，激发其对相关问题的深度思考和研究。
  - 参考文献：科普文献是科普写作的基础，文章是否标注无强制要求。若标注，则必须规范。
- 注意事项
  - 主题选择合理：锚定目标读者，从读者需求出发，普及科学知识、传递科学思维、树立科学价值；避免选题过大，泛泛而谈，文章缺乏学理性；正视热点即时性与科普内容持续性的问题，避免硬凑热点导致文章庸俗化。
  - 避免标题党：过分夸张，常用"最强""吓傻"等主观感受的词汇；滥用悬念，指代模糊、强转折等问题。
  - 做好信息增量：在引入或介绍基础信息后，应围绕主题展开发散性思维分析，避免将简单信息与知识进行无原创性的简单堆砌。既要善用专业性术语，更要合理运用新技术手段，避免陷入模式化、套路化的写作窠臼。

看一看

范文1

探索夜的奇妙旅程

在大学生活的快节奏中，你是否经常为了在最后期限内完成某项任务、准备考试而牺牲宝贵的睡眠时间？但你知道吗，优质的睡眠不仅仅是“打个盹儿”那么简单，它是守护你身心健康、提升学习效率的超级英雄！今天，让我们一起搭乘睡眠的奇妙列车，探索NREM（非快速眼动睡眠）与REM（快速眼动睡眠）这两大睡眠阶段的神秘世界，看看它们如何影响你，以及如何优化你的睡眠周期，让大学生活更加精彩！

想象一下，你的身体是一个繁忙的维修工厂，而NREM就是工厂进行大规模修复的时间。NREM分为三个阶段：浅睡（N1）、熟睡（N2）和深度睡眠（N3），每个阶段都有其独特的任务。

浅睡（N1）：就像工厂的门刚刚打开，工人们（你的大脑和身体）还在慢慢进入状态。它可以持续1～7分钟，在这个阶段，你的心率和呼吸开始减慢，肌肉逐渐放松，大脑也开始进入准备休息的模式。但这个阶段非常脆弱，任何外部声音或刺激都可能阻碍你进入深度睡眠阶段，比如室友的翻身声或窗外的风声等。在这个阶段，人们可能经历突然的肌肉收缩，称为入睡抽动（肌阵挛），随后会出现跌倒的感觉。

熟睡（N2）：工厂开始忙碌起来，工人们（大脑电波）变得更有规律，身体逐渐放松并开始进行基础恢复。它可以持续30～60分钟，你开始变得对周围的环境视而不见，你的眼球运动停止。熟睡阶段有助于巩固记忆，为大脑提供重要的“离线”处理时间，比如对记忆、白天的信息进行整理，巩固白天学习的知识等。

深度睡眠（N3）：这是工厂最忙碌的时候，也是你身体进行大规模修复和生长的关键时刻。这一阶段持续20～40分钟，此时，你的身体完全放松，没有眼球或肌肉活动，生长激素分泌达到峰值，促进组织修复与免疫蛋白合成。深度睡眠是身体自我修复、强化免疫力和修复肌肉的重要阶段，简直就像给你的身体做了一次深度SPA。

如果说NREM是身体的修复工厂，那么REM就是大脑的创意工作室。它通常发生在人们入睡后90～120分钟。在REM阶段，大脑活跃程度达到白天清醒时的水平，你的眼球会快速运动，就像在观看一场精彩的电影。而这场电影，就是你的梦境！

REM是梦境最生动、最奇幻的阶段，在这个阶段，你的大脑会整理一天的信息，甚至创造出一些令人惊叹的情节。很多人发现，自己在梦中有时能解决现实中的难题，或体验到从未有过的奇妙感受。有时，这些梦境甚至能够启发我们找到新思路或情感的出口。

虽然你的大脑在REM阶段非常活跃，但你的身体却处于完全放松的状态。这就像一个神奇的开关，让大脑可以自由地发挥创造力，而不用担心影响身体的其他功能。

每个夜晚，你的睡眠都会经历多个NREM与REM的交替循环。就像一首优美的交响乐，每个阶段都有其独特的旋律和节奏。一个完整的睡眠周期通常从NREM开始，逐渐过渡到REM，然后再次回到NREM，如此循环往复。随着夜晚的深入，REM周期会变长，而

NREM周期会变短。这种变化有助于你的大脑和身体得到充分的休息和恢复。每个NREM-REM周期的时间长度各不相同，但通常成年人每晚会经历4～6个完整的睡眠周期。每个周期的长度为90～110分钟。每个睡眠阶段都有其独特的生理功能和重要性。NREM主要负责身体的修复和生长，而REM则负责大脑的记忆整合和情绪调节。因此，保持完整的睡眠周期对于身心健康至关重要。

看到这里，你应该明白了一个完整的睡眠周期的重要性。英国睡眠协会前任会长尼克·利特尔黑尔斯曾在《睡眠革命》一书中提到过一种获得高效睡眠的理想方案——R90睡眠法。意思就是，按照90分钟为一个睡眠周期计算，以起床时间为准反推出最合适的入睡时间。比如，你需要在早上7:30起床上早八，那么反推，你需要在晚上12点入睡（可睡7.5小时，即5个睡眠周期），这个时间点再提早20分钟左右就是上床的时间，这样便可以经历完整的睡眠周期，保证起床时是最佳的精神状态。当然你也可以在头天晚上10:30或当天凌晨1点左右入睡，但值得一提的是，《睡眠革命》一书推荐成年人要睡够4～6个睡眠周期。

而针对午睡，诚然一个完整的睡眠周期再好不过，但现实中同学们通常很难拥有这样的机会。因此，尽量不要睡得太久，否则被迫醒来时将会很难保持清醒。对于大多数人来说，10～20分钟的小憩就已足够，避免进入N3阶段。

有时大学生们也会面对不得不熬夜的情况，但通过饮用咖啡、浓茶的做法，对身体健康极为有害。如果感到困意，最好先进行1个完整睡眠周期的休息（90分钟），在适当的休养后再继续学习，而在完成任务的第二天，及时补充1～2个睡眠周期，有助于你更快调整生物钟。

可以睡得少，但要睡得好，哪怕起得早，也得起得巧。充分了解自己的睡眠周期，再合理分配睡眠时间，让睡眠成为保护你身心健康的超级英雄。

范文 2

新能源汽车比拼的下半场

绿色高效的新能源汽车、数据赋能的智慧交通、智能进化的未来网络、科创成果转化的创新模式……智能、安全、绿色、高效，在今天已经成为中国新能源汽车的标签。在时代发展的浪潮中，中国正以前所未有的力量和速度，不断迈向科技创新的最前沿，培育发展新质生产力。然而，新能源汽车比拼的下半场该如何打呢？

一、关键在于掌握核心技术

新能源汽车领域近几年群雄并起，竞争激烈，现实残酷，但这仅仅是开始。新能源汽车下半场竞争最重要的领域在于技术创新，归根到底在于是否完全掌握核心技术。以吉利汽车为例，神盾短刀电池这个重大技术创新点带来了如此大的变化：电池安全性、使用效率与寿命等方面的极大提升，如对验证里程达30万公里、完成921次充放电循环的电池包进行拆解检测，其结构完好无损，健康度达90.5%（在高温、高寒、高湿环境下测试）。同时，将电池作为车身结构的一部分（CTB构型），通过1.2 mm厚的HC550/DP980高强度辊压钢箱体、“田字格”框架专利设计、“三明治”结构底部防护等核心技术，大幅提升了电池包的安全性。神盾短刀电池通过中汽中心六大串行测试（海浪浸泡、高原极寒、高频刮底、26吨暴力碾压、单包侧柱碰、火烧炙烤等），测试过程中未出现冒烟、起火或爆炸的情况。

二、更新迭代加快是必然趋势

新能源汽车越来越快地更新迭代，让消费者无法适应，普遍持观望态度，面对新技术与消费体验的平衡问题该如何解决？专家认为，不进行产品技术升级和迭代，在下半场的竞争中必然要落后，甚至随时会被罚退场，至少这是现在市场不可逾越的鸿沟！跨越鸿沟只能靠技术升级，如智能化软件升级会使更新迭代的周期更短，但可以通过对老款汽车同步升级软件的方式让所有消费者都能享受技术进步的成果，提升消费体验。

三、从全面电动化到全面自动化是未来的发展方向

电池、电机、电控等技术不断取得新突破，性能得到显著提升，但各领域仍有不少技术有待进一步突破。比如，工艺制造技术，整车的长续航、高寿命、大能量密度需求等方面仍处于数年的突破期。而固态电池技术的全面突破与全面普及，预计还将经历一个阶段性的发展过程。当相关领域的技术全面突破后，新能源汽车将结束上半场的电气化时代，进入整车智能时代的下半场。这是竞争的深水区和未来的发展方向，目前各大车企已经投入了大量人力、物力和精力进行研究，竞争异常激烈。

四、技术研发中的沉没成本并非浪费

预研项目不成功，至少证明了该方向的不可行，排除了一个错误方向；预研项目未取得立竿见影的效果，产生经济效益或形成产品，也可能对其他研究项目起到支撑或辅助作用。所以，要正确看待技术研发中的沉没成本，它并不是完全浪费。

五、制造强国的重要支撑

在全球视野下，几乎没有一个弱小国家能产生重要的世界级汽车品牌，而汽车强国无一例外都是国民经济、综合国力强大的现代化国家。汽车制造是制造业的天花板，拥有极长极广的产业链，在制造大国向制造强国蜕变，在中低端产业向高端产业升级的过程中，新能源汽车是非常重要的排头兵。我国新能源汽车销量连续10年保持全球第一，真正体现了国家的强大。在中国制造业高端化、智能化、绿色化发展的新赛道上，新能源汽车正在跑出加速度。

？想一想

各小组分析范文后，选择一个题目，允许上网查询，完成课堂独学。

题目一：思考网络传播下科普文的特点及其对科普文写作的启示。

题目二：科普写作在主题筛选时需要注意哪些方面？

题目三：科普写作在主题升华时的不同视角是什么？

组建学习小组，同学们互相分享各自的独学成果，并请同学们帮忙润色文稿。同时，记录下同学们独学思考中的闪光点和教师点评给予你的启发。

改一改

瑕疵案例1

“静息态”与大脑休息

在一项针对闭眼静息状态下脑电活动特征的科学研究中，研究人员专门探讨了非睡眠状态下闭眼时大脑的神经电生理反应。相关检测手段包括多种类型，如脑电图（EEG）、脑磁图（MEG）和功能性磁共振成像（fMRI）。EEG通过在头皮表面放置电极来测量大脑皮层的电活动。通过分析EEG信号可以诊断癫痫、睡眠障碍等神经系统疾病。研究表明，在静息态下，大脑表现出显著增加的α波和θ波活动。α波和θ波活动在人类的生理和心理状态中扮演着关键角色。α波通常出现在人们放松、冥想或闭眼休息时，频率范围为8~12 Hz。θ波的频率较低，频率范围为4~7 Hz，通常出现在深度放松、轻度睡眠或梦境中。这两种波形通常与大脑进入轻度睡眠阶段相关联，表明即使在主观上未进入睡眠状态，闭眼休息时的大脑实际上已经呈现出类似入睡初期的电生理模式。

瑕疵案例2

惊喜！科学家发现宇宙新能源

在遥远的仙女座星系，科学家们发现了一种神秘而强大的能量源，它比太阳的光芒更耀眼，比黑洞的引力更强大，科学家们称之为“量子泡沫能”。它隐藏在每一个原子的核心，是支撑整个宇宙运行的不竭动力。不过想要获取这种能量并不容易，不仅距离地球远，而且数量极其有限。尽管如此，许多冒险家仍然踏上了寻找“量子泡沫能”的旅程，相信他们在不久的将来一定会成功，那时将彻底解决人类的能源危机。

练一练

三星堆二号祭祀坑出土的青铜立人像被誉为“世界青铜雕像之王”。当观者驻足凝视这件距今约3000年的商代文物时，不仅能感受到古蜀文明高超的青铜铸造技艺，而且能体会到古蜀先民对神灵的虔诚崇拜和丰富的精神世界。请拟写一篇介绍青铜立人像的科普文章。

晒一晒

请与同学交换并修改各自的“练一练”作业，根据教师的点评意见再次修改。完成修改后，将你的初稿、修改稿、定稿，以及“独学思考”“亮点闪闪”“改一改”部分拍照上传至学习平台，看看你在本节学习中取得了哪些收获吧！

考一考

你有2分钟时间完成题库中的5道选择题，加油！系统得分：__________分。

职业探索——求职的小明

“岁不我与，时若奔驷”，随着毕业典礼的日益临近，2025届毕业生迎来职业抉择关键期。与其他大学生一样，小明在考研、考公、基层就业与创业的多重选项中，最终选择投身2025年应届生求职市场。据教育部数据，2025年全国高校毕业生预计达1222万人，面对如此庞大的就业群体，简历制作与投递成为决定求职者职业起点的核心环节。

第一节　求职简历

听一听

- 简历
  - 概念
    - 简历是求职者向求职单位全方位展示自身优势的主要材料，要求以简洁明快的方式呈现求职者的成长过程和真实情况。简历是应聘中的基本材料，也是最重要的材料之一。
  - 结构
    - 基本信息：姓名、性别、政治面貌、出生年月、学历、家庭住址、通讯方式、照片、应聘岗位等。
    - 教育背景：学历学位、学校名称、专业、主修课程等。
    - 社会实践经历：工作经历、实习经历、参与项目等。
    - 获奖情况：按照时间顺序写清楚竞赛、论文、奖学金、项目等获奖名称、获奖时间以及奖励级别。
    - 技能证书：各类等级证书、职业资格证书、驾照等。
    - 自我评价：使用形容词或形容词性短语对自我进行客观、中肯评价。
  - 注意事项
    - 针对性：制作简历前确定目标岗位、岗位要求及职责，简历内容与外观的设计以匹配目标岗位为第一准则，如果应聘不同岗位，则应对简历进行微调。
    - 创意性：在应聘重视创意性的专业或岗位（如艺术设计类、创意策划类）时，需要在简历的设计环节突出创新能力和创意思维。
    - 多元化：简历中提供的联系方式可以多元化呈现，同时需要保持设备网络畅通并留意相关信息。

看一看

范文1

个人简历

应聘岗位：

小学语文教师

个人信息

- 姓　　名：小明
- 出生年月：2003 年 6 月
- 电话号码：183-0000-0000
- 电子邮箱：123456789@163.com
- 微信：XG999999
- 政治面貌：党员
- 家庭住址：XX 市 XX 区 XX 街道

照片

教育背景

- ✧ 学　　校：山海大学
- ✧ 专　　业：汉语言文学
- ✧ 在校时间：2021.09—2025.07
- ✧ 学　　历：本科
- ✧ 主修课程：中国古代文学史、中国现当代文学史、外国文学史、教育学、教育心理学等

实践经历

- ✧ 2024.09—2025.01　山海大学附属小学　一年级班主任助理（实习）
- ✧ 2022.09—2023.07　XX 市 XX 县 XX 乡第二小学　支教语文教师
- ✧ 2022.06—2022.08　XX 市青少年宫　“书香伴我行”夏令营领读教师
- ✧ 2021.10—2022.05　XXXX 教育科技有限公司　文化及书法兼职教师

奖励荣誉

- ✧ 2025 年：优秀毕业生；
- ✧ 2023、2024 年：国家励志奖学金、优秀班干部；
- ✧ 2021—2023 年：专业一等奖学金。

个人技能

- ✧ 专业技能：二级心理咨询师、红十字会救护员、C1 机动车驾驶证；
- ✧ 语言技能：CET-6、普通话二级甲等。

个人评价

- ✧ 热爱教育，学科专业知识扎实；对教育学理论、儿童心理发展理论有基本了解；
- ✧ 语言表达能力强，具有较强的表现力、应变能力，富有感染力；
- ✧ 对工作认真负责，有爱心、耐心和责任心。

范文 2

个人简历

一、基本信息

姓 名：小军　　性　　别：男

民 族：汉　　出生年月：2000-06-19

身 高：176 cm　　籍　　贯：××省××市

政治面貌：中共党员　　住　　址：××省××市××××××

学历：硕士研究生　　应聘岗位：技术研发工程师

联系电话：135××××××××　　电子邮件：×××@××××.cn

二、教育背景

2022.09—2025.07：××大学　车辆动力学与控制技术专业　硕士

2018.09—2022.07：××大学　车辆工程专业　本科

三、工作实习经历

校内经历：2023.09—2025.07，校研究生会副主席；

2019.09—2021.07，校学生会主席，车辆工程2班班长；

2018.09—2020.07，××社团社长。

校外经历：2024.03—2025.03，在××汽车集团股份有限公司产品研发部实习，担任研发助理；

2021.07—2022.07，在××汽车服务有限责任公司销售部实习，负责汽车线上销售方案设计。

四、获奖情况

20××年获得××大学优秀学生奖；

20××年获得××大学××学院一等奖学金；

20××年获得××大学××学院优秀学生干部奖；

20××年获得××大学优秀毕业生；

20××年获得××省“九校联合辩论赛”最佳辩手。

五、技能及证书

大学英语六级，熟练使用CAD、CATIA、ANSYS等设计分析软件，C1机动车驾驶证。

六、自我评价

具有较强的学习能力和动手能力，熟练掌握汽车动力系统及电子控制系统的设计与分析；

工作认真负责，具备良好的团队协作精神和沟通能力；

对汽车技术研发充满热情，勇于挑战，敢于创新。

? 想一想

各小组分析范文后，选择一个题目，允许上网查询，完成课堂独学。

题目一：投递简历的过程中有哪些需要注意的事项？

题目二：你认为负责招聘的人力资源专员/主管最看重简历的哪一部分？

题目三：求职前除了简历还需要做哪些准备？

组建学习小组，同学们互相分享各自的独学成果，并请同学们帮忙润色文稿。同时，记录下同学们独学思考中的闪光点和教师点评给予你的启发。

亮点闪闪

改一改

瑕疵案例1

个人简历

一、自我简介

姓名：高××

性别：女

专业：视觉传达

毕业院校：××学院

毕业时间：2019年6月

照片

二、教育背景

主修视觉传达专业；

辅修 photoshop平面设计；

辅修制图、作图、手工画图。

三、实践经验

负责学院艺术部门画展与作品展览的举办与开展；

负责艺术部艺术作品的鉴赏与评分；

在移动分公司策划运营与推销活动的展板与宣传传单；

闲暇之余兼职销售以锻炼自已的推销、推广与客户交谈的口语能力：

负责教导中小学学生的绘画与素描的基础功底。

四、奖项证书

2016.1获得国家奖学金；

2016.11获得“三好学生称号”；

2016.12获得计算机二级证书；

2017.12获得普通话水平测试等级证书；

2017.10获得××市第12届创意中国设计大奖；

熟悉计算机各项操作；

精通Adobe Photoshop；

精通各类办公软件。

五、自我评价

本人是视觉传达专业毕业的大学生，平时在校刻苦学习，总以优异的成绩在班级里名列前茅。本人热衷于艺术，并希望在艺术的道路上百尺竿头，更进一步。直到2017年第一次当家庭教师，我才发现，原来艺术是我的梦想，可望而不可即，教师才更适合我。我看着在知识海洋里遨游的学生露出对艺术懵懂、渴望的眼神，我仿佛找到了我的使命。我渴望着一个平台，当一名教师是我对生活的向往，做一名平面设计师是我对理想的追求。我希望您能给我一个机会，谢谢！

瑕疵案例2

个人简历

基本信息				
姓　　名	陈×	性　　别	男	相片
出生日期	1998/01/30	户　　口	浙江×××	
民　　族	汉	学　　历	本科	
专　　业	网络工程	联系电话	13×××××××××	
学　　校	×××大学邮电与信息工程学院			
微 信 号	××××××	电子邮箱	××@××××.cn	
通信地址	浙江省××××××××××××			
学习简历				
1．虽然是网络专业学生，但是我喜欢软件，自学了C#的基础、C#的面向对象编程、html、CSS、JavaScript、jQuery、AJAX、asp.net。目前正在学习设计模式，能够熟练运用三层架构进行项目开发。 2.数据库方面熟悉SQL Server，了解MySQL，正在学习Oracle数据库。 3．对于Java，学校开设了Java基础课，自学了点JSP的Servlet和JDBC。 4．会一点C语言的单片机。 5．在大学生××学习社区担任超级版主。 6．在校期间所学专业和软件有关：C语言程序开发、数据结构、离散数学、微机原理、操作系统、计算机组成原理、数据库原理等专业课。				
自我评价				
本人乐观向上、开朗。自学能力强，对学习新的技术、新的知识的欲望强。能够独立开发小型项目，团队意识强，希望能够在大团队的环境中进一步熏陶。本人的爱好是小球（羽毛球、乒乓球）。				

练一练

请根据你的专业方向搜寻近期招聘简章，针对目标岗位制作属于自己的个人简历。

晒一晒

请与同学交换并修改各自的“练一练”作业，根据教师的点评意见再次修改。完成修改后，将你的初稿、修改稿、定稿，以及“独学思考”“亮点闪闪”“改一改”部分拍照上传至学习平台，看看你在本节学习中取得了哪些收获吧！

考一考

你有2分钟时间完成题库中的5道选择题，加油！系统得分：__________分。

第二节　邮件

听一听

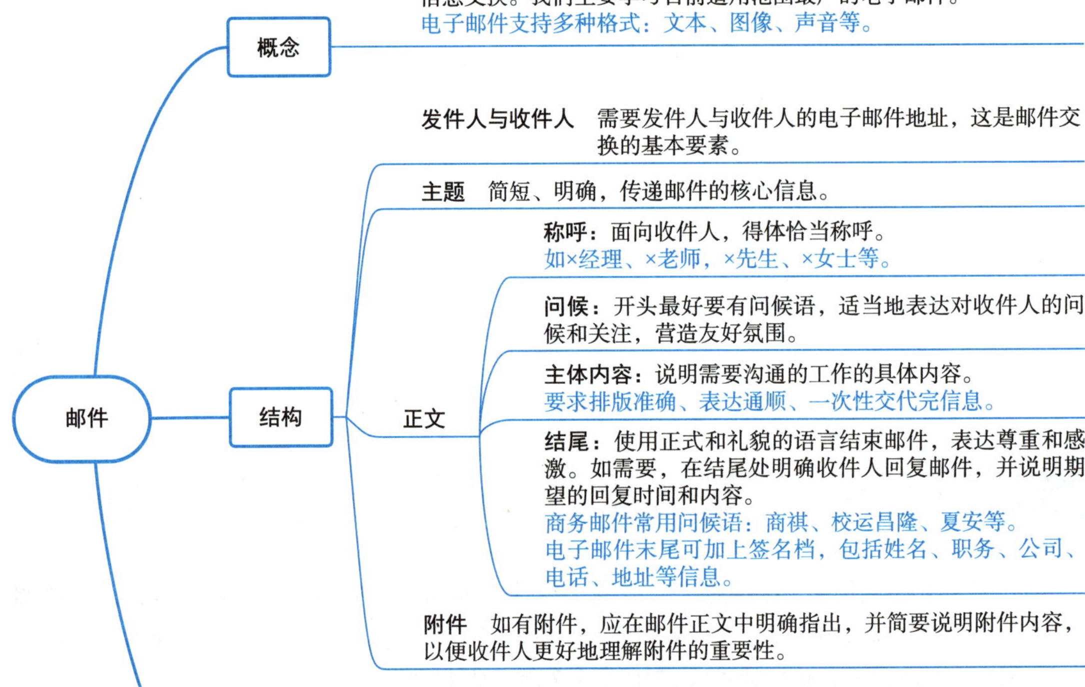

看一看

范文 1

邮件主题：应聘语文教师-刘××-××师范大学

尊敬的领导：

您好！

感谢您在百忙中抽出时间阅读我的求职材料。我是××师范大学××级汉语言文学专业的应届本科毕业生，现应聘贵校语文教师岗位。

在校期间，我连续三年获得校级一等奖学金，获得××省××比赛特等奖。附个人求职简历，盼面谈。

敬祝贵校校运昌隆！

求职人：×××
2025年5月

（简历略）

范文 2

邮件主题：关于本周工作安排及重要事项的通知

各项目成员：

为确保本周工作顺利进行，现将有关工作安排及重要事项通知如下，请各位认真阅读并遵照执行。

一、本周工作重点

1. 按照项目进度完成各自负责的任务模块，确保项目按期推进。

2. 针对近期客户反馈的问题，开展内部讨论，制订解决方案，并于本周五前提交至我部。

3. 本周开始进行部门内部培训，具体安排另行通知。

二、重要事项提醒

1. 请按时提交周报，以便及时掌握工作进展。

2. 保持办公环境整洁，共同营造良好的工作氛围。

3. 近期气温变化较大，请注意保暖，预防感冒。

三、会议安排

1. 本周二下午2点，召开部门例会，地点：三楼会议室。请各位同事提前准备好相关工作汇报。

2. 本周五下午2点，组织项目进度汇报会，请各位项目经理准时参加。

四、其他事项

1. 请部门负责人关注团队成员状态，及时沟通、解决问题。

2. 请严格执行上述安排，确保本周目标顺利完成。

感谢大家的辛勤付出，期待我们取得更好的成绩！

并祝春安。

××科技股份有限公司人力资源部
2025年4月21日

? 想一想

各小组分析范文后，选择一个题目，允许上网查询，完成课堂独学。

题目一：电子邮件在工作沟通中的优势是什么？

题目二：思考针对不同沟通对象的问候语。

独学思考

组建学习小组，同学们互相分享各自的独学成果，并请同学们帮忙润色文稿。同时，记录下同学们独学思考中的闪光点和教师点评给予你的启发。

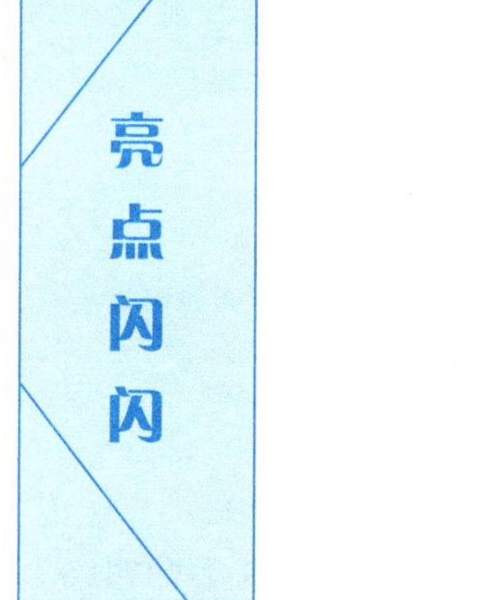

改一改

瑕疵案例1

邮件主题：无主题

老师：

我先前那个作业文档格式有大问题，现在可不可以重新交一下啊？网媒五班×××。

瑕疵案例2

邮件主题：世博会志愿者招募

尊敬的先生或女士：

我对最近启动的“世博会志愿者招募”活动十分感兴趣，我认为我是一个合格的人选，并且在此向您推荐我自己。

作为一个英语专业的学生，我的汉语和英语都十分流利，而且还会基础法语，因此我非常符合各种志愿者职位的语言要求。更重要的是，我一直以来积极热情地参与各种国际交流项目——这些经历都详细地反映在附件——我的简历中。因此，我相信我的交流能力使我能够胜任这个职位。

如果您给我一个面试的机会，我将感激不尽。

您真诚的，

李明

练一练

请撰写一封关于……的电子邮件，将你的毕业论文修改稿作为附件提交给教师。

晒一晒

请与同学交换并修改各自的“练一练”作业，根据教师的点评意见再次修改。完成修改后，将你的初稿、修改稿、定稿，以及“独学思考”“亮点闪闪”“改一改”部分拍照上传至学习平台，看看你在本节学习中取得了哪些收获吧！

考一考

你有2分钟时间完成题库中的5道选择题，加油！系统得分：__________分。

第三节　申论写作

听一听

申论写作

- 概念：针对特定话题进行引申，提出观点并进行论述的一种实用文体。此处特指国家公务员考试中的一门公共科目，以思想为引领，在阅读给定资料的基础上完成若干任务，以此测试考生的阅读理解、文字表达能力以及综合分析、提出并解决问题、贯彻执行、依法办事、公共服务等综合能力，实现为国家选拔优秀人才的目标。
- 结构
  - 标题
    - 陈述式：**直述文章主题。** 常见句型：“××是××的关键（基础、保障、前提等）”，如《安全稳定是社会繁荣发展的基础》；“××重在（关键在于、强调、应当等）”，如《招商引资关键在于营造优良的营商环境》；“××事关全局（首开先河、重中之重等）”，如《提升教育教学质量是学校工作的重中之重》；等等。
    - 特色式：**巧用警醒性字词。** 常用字词：“切勿”“莫让”“不能”等否定性词语，如主题《经济发展，切勿以牺牲环境为代价》；“谨记”“务必”“坚决”等肯定性词语”，如主题《脱贫致富，坚决打好“攻坚战”，务必打赢“翻身仗”》；等等。
    - 对称式：**形式上下对称，内容前后呼应。** 常用谓宾结构，即动词或形容词+名词性主题词构成，如《盘活老品牌　焕发新生命》《完善党内法规体系　夯实从严治党之基》
    - 主副式：**主标题凝练主题，副标题补充说明。** 如《不患寡而患不均——以制度建设保障医疗公平》。
  - 正文
    - 开头
      - **阐述式**：对主题的解读和对材料的概述。
      - **评论式**：常用于对题干或材料中指定的无论正确或错误的观点进行评论。
      - **总结式**：在概要问题、原因、意义等基础上，直接亮出文章的主要观点。
    - 论证
      - 常见方法
        - **引证法**：常引用名言名句、科学理论、国家政策等对观点进行多维度论证。
        - **例证法**：用一个典型案例或多个案例证明观点。
        - **其他**：常用归纳总结、推理演绎等逻辑方法论证观点。
      - 常见结构
        - **给定观点+论据**：直接亮出材料中的观点，通过论据从不同角度进行论证。
        - **问题原因式观点+论据**：对材料中事件反映的问题、发生的原因进行论证。
        - **意义价值式观点+论据**：对材料中事件的价值和意义进行论证。
        - **对策建议式观点+论据**：针对解决材料中出现的问题提出对策与建议并进行论证。
    - 结尾：总结强调式、展望号召式、补充式等。
- 注意事项
  - 角色意识：以公务员身份思考、分析和解决问题。
  - 问题意识：以切实解决材料中的具体问题，为构思与写作的出发点、着力点与落脚点。

范文

中央机关及其直属机构2023年度考试录用公务员申论考试材料

中央机关及其直属机构2023年度考试录用公务员公共科目笔试考试大纲（节选）

阅读理解能力——全面把握给定资料的相关内容，准确理解给定资料的含义，准确提炼事实所包含的观点，并揭示所反映的本质问题。

综合分析能力——对给定资料的全部或部分的内容、观点或问题进行分析和归纳，多角度地思考资料内容，作出合理的推断或评价。

提出和解决问题能力——准确理解把握给定资料所反映的问题，提出解决问题的措施或办法。

文字表达能力——熟练使用指定的语种，运用说明、陈述、议论等方式，准确规范、简明畅达地表述思想观点。

考试时间：

2022年12月4日下午　14:00—17:00

2023年国家公务员考试（副省级）申论

一、注意事项

本题由给定资料和作答要求两部分构成。考试时限为180分钟。其中，阅读给定资料参考时限为50分钟，作答参考时限为130分钟。满分为100分。

（略）

二、给定资料

资料1：

今年夏天，Q省邀请若干位全国知名的青年书法家、画家参加了一场采风活动，为这些青年名家的艺术创作提供现实资源，让他们用书画作品倾情反映新时代的Q省交通故事。以下是其中一位青年画家的采风日记：

习近平总书记曾经说，全国的交通地图就像一幅画啊，中国的中部、东部、东北地区都是工笔画，西部留白太大了，将来也要补几笔，把美丽中国的交通勾画得更美。Q省位于我国西南部，是唯一没有平原支撑的省份，交通巨变从“桥”开始。这次采风，我在Q省看到了最精妙的补笔。昨天，已是我们采风的最后一站。

我们从省会G市驾车出发，行驶约40分钟到达玉陵湖大桥。只见一座提篮式样的大桥，横跨美丽的玉陵湖，又似一道斑斓的彩虹嵌入绿水青山中，浑然天成。我们走上大桥的人行步道，发现这里拍照的人不少。G市公路管理局的工程师秦创告诉我们，玉陵湖大桥重建以来已经成为著名的“网红打卡地”。在设计之初，考虑到玉陵湖大桥连接Q省多个著名旅游景区，如何使新桥融入这些湖光山色之中，是他们反复考量的内容。最终他们选择了内倾10°的提篮拱桥作为重建方案，这样能够使新建桥梁在景观上优雅灵动，突出桥梁自身的力量美与跨越感，同时也能让桥梁与自然融为一体、相互辉映。“这‘提篮彩虹’的印象，我一定要把它画出来。”我已经为自己的第一眼印象勾勒了画作最初的形象。

“你们现在看到的玉陵湖大桥是在原桥基础上拆除重建的。”秦创向我们介绍，“原玉陵湖大桥已经通车了30余年，8年前被定为四类危桥，不得不对其限载、限速。2019年，我们向省公路局请示拆除重建玉陵湖大桥，先后经过了6个方案的对比和论证，最终决定选择现在的方案——在原址上建设新的玉陵湖大桥。建设历时两年，去年正式通车。”“你们看，这座大桥跨越湿地公园和饮用水源保护区，周围分布着特有的濒危水生植物，还有20多种国家重点保护野生动植物。这种环境下如何拆除旧桥？用传统的爆破法拆桥行不行？”秦创出题考我们。

我们纷纷摇头。秦创说：“没错，施工过程中旧桥杆件会坠落到桥下水源保护区，爆破震动还会产生较大的粉尘污染环境。”那可以用什么方法拆除旧桥呢？秦创没有为难我们，很快公布了答案：他们没有按照常规方式先拆后建，而是采取了边建边拆的改建方式，创新性地提出了“旧桥建新拱，新拱拆旧桥”的建设思路。两岸接线工程对景区和水源保护区几乎无干扰；湖中没有设置桥墩，主桥直接跨过玉陵湖；在安装新桥拱肋的过程中，先“包住”旧桥，再用钢梁将旧桥吊起，外科手术般的精准操作完成旧桥拆除工作……这些施工技术都最大程度地避免了旧桥拆除对周边生态环境的不良影响。“拆桥过程中，没有一块旧桥混凝土掉入湖中。”秦创骄傲地说。

提起建桥的过程，秦创更是滔滔不绝，他详细介绍了建桥中的“废料再利用”和“污水收集处理循环系统”这两项环保技术。“废料再利用”是指旧桥混凝土100%循环再利用，旧桥251吨钢材全部被回收。“污水收集处理循环系统”是指施工中对污水进行集中处理，达到排放标准后用于施工区域洒水。秦创把枯燥的技术讲得通俗易懂。我们听得津津有味，心中叹服，原来巧夺天工来自技术的高超。

走了不到300米，我们就来到了桥尾。玉陵湖大桥与两条高速公路无缝连接，呈“8”字形环绕。秦创说：“桥梁和道路的连接处是设计的关键点，对接不好容易发生交通事故。我们在设计时与公路施工方反复沟通，最终确定了现在这个‘8’字形的连接方式。现在新桥能连接9个村庄，可谓四通八达。”这座小而美的桥梁，真是处处体现匠心。车行10分钟后，我们来到了最近的大通村。漫步大通村，一片片绿油油的茶山令人赏心悦目；绿树下，一栋栋独具特色的民宿布局合理，相映成趣；农家乐里，一位位游客边赏湖景，边品美食；蔬菜基地里，一棵棵长势良好的蔬菜静待收获；数百亩果园里，成熟的李子、桃子等时令水果挂满枝头。“目前，我们村拥有560亩水果基地、300亩蔬菜基地、300亩花卉基地、80亩藕园，开设有民宿、农家乐等40余家。这是新桥为大通村引来的人气、商气、财气。”大通村委会林主任对新桥赞不绝口。

“真是桥通路通民心通。不能仅仅画桥，这焕发出新活力的村庄一定要表现出来。”我心里琢磨着。当晚，我按捺不住思绪，彻夜未眠，一气呵成地完成了画作。作画时，我脑海中不断闪现玉陵湖大桥种种精妙绝伦之处，对建设者们的敬佩之意一次次油然而生。整幅画作，我选择了“俯瞰”的视角，最初打算特写的“提篮彩虹”，被我简化为画中的一个点，路为线，人流、物流、信息流在此间快速流动。流动中，一座桥带出了一个活力迸发的经济圈。这幅表现桥的画，被我题名为《巧》。

资料2：

“大家以前对窑洞有些什么印象？”开窑村村委会委员小辛问。

“习近平总书记在2022年给全国人民的新年贺词中，提到了当年毛主席与黄炎培先生的‘窑洞对’。如何跳出治乱兴衰的历史周期率？在毛主席当年给出‘让人民来监督政府’的第一个答案基础上，我们党给出了第二个答案，那就是不断推进党的自我革命。在党的二十大报告中，也再次提到这一重要论断。‘窑洞对’，是我对窑洞最深刻的印象。

“提到窑洞，脑海中浮现的画面就是黄土地、高山坡，挖个洞在里面住着，想到就觉得特别艰苦。”

“窑洞已有4000多年的历史，它不仅是我们祖祖辈辈的栖身之地，也曾是红军的驻地……”小辛向游客娓娓讲述有关窑洞的悠久历史和红色岁月。前来参观的游客们纷纷谈起自己的感受，来到黄河岸边、大山深处，面对着300孔隐在群山中层层叠叠错落有致的窑洞，即使现如今这里已经被改造成文化教育基地，游客们依然能想象出革命战争年代窑洞中的艰苦景象。

参观行程过半，有位游客问小辛：“你们当时是怎么想起把这些窑洞打造成文化教育基地的？”

小辛说：“经济条件好了，我们也陆续住进新盖的房子，大部分窑洞被废弃。但是我们内心非常不愿意窑洞就这么消失，因为我们世世代代都曾经居住在窑洞里，窑洞对于我们来说，是血脉，也是乡愁。”

小辛想到了7年前，那时候村委会正打算让这些“沉睡的资产”焕发出新的生机。村委会找到了某大学建筑学院的顾教授团队负责窑洞修复项目。顾教授团队和村委会多次协商，反复讨论，最终达成一致意见：修复窑洞要尽量保留自然地貌，以及窑洞和院落的本来面貌。因此，修复工程使用的建筑材料都是废弃的砖瓦、石头、旧门窗、破碎的缸罐等。

小辛还记得，当时他在读大学，回家看望父母时，村民们找到他，说他有文化，让他代表村民们去和顾教授沟通。“小辛啊，你看，这些旧材料是挺省钱的，但是费时费工啊，我们啥时候能修好呢？而且修好了，这不和以前一个样吗？还是灰蒙蒙的。修就修得好看一点嘛！”

面对村民们的不理解，小辛主动找到村委会工作人员，还邀请了一些村民代表，协商共议后，在村里举办了“发现砖石之美”影像展。这让村民们重新认识到窑洞建筑的历史价值，也更加认同窑洞原本的建筑风格。“这是我们永恒的记忆符号，也是独特的文化标识。废旧材料本身就凝结着村庄的历史与个体的记忆，是新的建筑材料无法替代的。”小辛说。

村民们从反对变成了支持，开始踊跃捐献家中的旧建材。不少人主动问：“我们家里就有很多旧砖旧瓦啊，你们施工还要不要？”村里的王大娘早年丧夫，曾经过得很艰辛。生活好转离开窑洞老屋时，她爬上屋顶将瓦小心地逐片剥落，并保存了30多年。她找到顾教授，把这些瓦都捐了出来，说：“现在日子好了，没想到这些旧瓦片还能再派上用场，捐给你们比搁我手里强！”

施工期间，小辛组织村民们去工地参观。“这里是我捐出的砖。”“这个角落里的图案，有我家孩子拿来的玻璃球。”“这里可以用碎瓦片砌成‘花墙’。”村民们饶有兴趣地指指点点，还不时出谋划策。小辛还带领村民们发起了多次义务劳动，上山采石、填坑铺地、为工地运送物资、向工匠师傅嘘寒问暖，以实际行动支持窑洞修复项目。

村民的“言”和“行”慢慢渗透进修复窑洞的师傅们心里，他们也不再着急赶工，开始思考怎么能更好地把顾教授团队的方案、村民们的灵感和他们的手艺融合起来。老郑，这个从业30余年的工匠师傅说：“刚来时，一看在深山里，心里嘀咕这次肯定特别苦。但是施工过程中，通过和顾教授他们接触，和开窑村的村民闲聊，我才知道原来窑洞还有这么多说法，窑洞文化的历史这么悠久。一下子就让我们这些泥土匠的活有了意义！再苦心也甜！”

窑洞修复项目的结束，意味着文化教育基地新工作的开始。恰逢小辛大学毕业，他被村里留下，担任村委会委员，开始承担文化教育基地的宣传推广工作。一些村民也成为义务宣讲员，他们每每谈起村里的窑洞，都特别骄傲。“当时窑洞修复花了一年多才完成。有村民说，窑洞修复的过程，也是他们从旁观者变成参与者再到传承者的过程。”小辛感慨道。

资料3：

大自然孕育河流，河流哺育城市。自古以来，城市的兴起与繁华和河流有着鱼水相依的密切联系。对于J市来说，拥有一条穿城而过的凤凰河，实属它的幸运。一脉清流，自雷山南麓而出，在J市北部与梨河交汇后，滔滔河水夹带着巨量泥沙，沿着大峡谷奔流而下，离开山口后水势变缓，泥沙就沉积在了今天J市所在地，逐渐形成适合居住的平原。凤凰河还带来大量的淡水资源，为人们提供了可生息繁衍的得天独厚的自然条件。于是，这里从最初的简单村落逐步发展成了人口密集的城市。

在漕运发达的年代，凤凰河南北客商云集，行旅往来不绝。凤凰河哺育了两岸百姓，带来了数百年的繁华，也留下了宝贵的文化遗产。凤凰河流域涵盖了旧石器时代遗址、新石器时代遗址、红色文化纪念地以及现代工业遗址等各类物质和非物质文化遗产。可以说，凤凰河不仅是一条养育城市和居民的水脉，更是一条承载文化交流、传播文明成果的文脉。

J市文史专家叶教授这些年一直在对凤凰河流域文化进行考察调研，他说：“凤凰河流域文化曾经是灿烂辉煌的，但有一段时期河中都没有水。没有水，还能称为河吗？”20世纪70年代后期以来，由于人们对山上林木的砍伐，凤凰河上游水土大量流失，加之降水量减少约10%，以及逐层筑坝拦截用水等诸多原因，凤凰河多处河段干涸、生态系统严重退化，资源性缺水成了凤凰河的软肋。没有了水，凤凰河流动的“血脉”不再畅通，曾经雄伟的高楼宝塔犹如聚沙而起，那些河边的饮食起居变得黯淡无光，那些鲜活的戏曲说唱逐渐销声匿迹，那些依河而兴的市镇村庄失去了往日的生机。

令人欣慰的是，近几年来，在全国生态环境治理的大背景下，凤凰河流域的各级政府也下大力气治理河流，清淤疏浚河道，垒坝稳固河槽，关停污染企业，绿化河岸环境。但沿线各城市经济发展水平不同，利益诉求也不尽相同，难免出现矛盾冲突。如何破局，关键在于树立全流域“一盘棋”意识。2018年5月，凤凰河综合治理与生态修复协调领导小组正式成立，领导小组的使命很明确：通过制定年度工作要点、加强沟通协调、严格监督检查，破解跨省城、协调难等治理难题。同时，《凤凰河流域水资源保护规划》《凤凰河流域水资源综合规划》等专业规划陆续出台。经过3年的努力，2021年，凤凰河终于实现了25年来的首次全线通水。“水运连着城运，更连着千家万户。水资源格局决定和影响城市发展格局。凤凰河‘复活’后，将极大促进沿岸经济文化的发展。”叶教授说。

恢复凤凰河流域生态系统是一项长期工程，全线通水不再断流，是推进凤凰河流域生态环境复苏的第一步。流动的河能激活文化之河，文化之河也能反哺流动的河，现在宣传和弘扬凤凰河流域文化恰逢其时。叶教授曾经问过凤凰河附近的居民，什么是凤凰河流域文化。“有说文明起源的，有说民族融合的，有说拼搏奋斗精神的，总之是太杂了。凤凰河流域文化确实多姿多彩，但我们要从中提炼出最精彩、最具有个性、最具张力的核心内容。”叶教授说。数年前，J市文化部门曾联合研究机构开展过一次凤凰河流域的考古调查，但流域的文化遗产分布涉及沿岸五省多个县市，保护和开发情况各有不同，调查无法整体推进。“如果我们都没有对凤凰河流域的文化内涵进行深入挖掘，又怎么能要求群众了解？”此外，还有一点令叶教授感到遗憾，就是之前凤凰河流域文化保护传承多是在文化部门制定的政策框架下进行，无法统筹流域内相关部门形成保护合力，流域文化遗产系统性保护传承战略规划、体制机制的问题都没有得到根本解决。经过多年调研，凤凰河生态治理的模式给了叶教授新的启发。

“文化的生命在于‘用’，在于融入群众生活。如何用？凤凰河沿岸历史遗迹、红色文化等资源这么丰富，正适合发展文化旅游。而生态环境是文化旅游的稀缺资源和宝贵财富，如果能真正恢复凤凰河以前的自然风光和生态环境，就可以推动生态旅游和文化旅游融合发展，让大众在‘用’中接触到‘活’的凤凰河流域文化。”叶教授说，“沿河也可以修建更多现代化的文化景观，在古今辉映中汇聚凤凰河文化的人气。像之前有人提议筹建凤凰河博物馆，就是很好的思路。随着数字化时代的来临，我们还可以开发‘凤河游’App，让游客沉浸式体验虚拟和现实结合的数字凤凰河新景观，感受‘活’起来的凤凰河流域文化。”

资料4：

N市原本是座重工业城市。几年前，面对全球电子信息产业重组的机遇，N市瞄准了笔记本电脑产业，开始承接产业转移，实现产业结构转型。近年来，各大电脑品牌商以及知名主机（代工厂）生产商陆续落户N市。截至2022年年底，N市笔记本电脑产值逾4000亿元，居于全球领先地位。从最初只是代工生产，到如今笔记本电脑的零部件基本实现本地配套，上下游企业的聚集、各类设施和生产要素的完善让N市的笔记本电脑产业慢慢形成产业优势，有实力向高端延伸。

电子产业园区是N市电子信息产业的聚集区。过去，这里抓住产业转移机遇，培育起一条电子信息产业链。最近，创新研发、提质增效成为园区可持续发展的路径。打造实验室经济，引导企业建立研发机构，推动园区智能化改造，2018年至2022年，企业改造生产线超百条，生产线的平均智能化率提升到85%以上。如今，这里已拥有研发类企业120多家、高新技术企业30多家。其中，科兴维公司每年研发投入上亿元，开发出的高端笔记本电脑全球市场占有率近20%；易电恒公司自主研发的闪烁晶体材料达到国际领先水平。2019

年，园区引进的达新微电子公司，在园区的培育扶持之下，自主研发的血氧仪用芯片填补了国内技术空白，实现了进口替代。N市在承接中实现了转型，在转型中实现了升级。“对于企业来说，这不是简单复制粘贴式的搬家，他们肯定会慎重。对于承接城市来说，不能搭空中楼阁，更不能生搬硬套，只有增强产业支撑能力，突出比较优势，才能培育本地产业和承接外部产业。”N市招商局负责人说。

腾夕材料公司在北方“生活”了11年之后，如今“举家”搬到了中部地区M市。

“‘搬家’是出于公司上市后扩大规模、调整布局的战略需要，但搬到哪里，之前一直确定不下来。说实话，我们前前后后考察了6个地方，最后是M市政府的诚意让我们动了心。”腾夕材料公司董事长说，“M市新区成立了项目招商服务工作组，我们要项目书，他们连夜加班，研究组稿。第二天一上班就送到我们手中。我们提配套需求，他们当即与相关企业商议，以最优惠价格提供。需要政府投资的，他们很快就按程序依法依规确立下来。” M市“以煤起家”，有煤化工的产业基础，但因为产业链条短、层次低，不仅经济效益不高，也不符合高质量发展的要求。如果彻底抛开原有优势基础，再培育发展一个全新的行业，似乎也不现实。

“我们咨询了许多专家，最后决定延长产业链条，提高产品附加值和层次。”新区有关负责人介绍，结合绿色循环可持续发展的产业政策，新区确定了发展功能性新材料产业、打造全国重要的功能性新材料产业基地的定位。

煤和新材料之间是什么关系？新区负责人说，以煤为原料，通过气化生产合成气，产生甲醇，甲醇可以生产聚四氢呋喃，这是生产高分子新材料的原料。如果把上游新材料做起来，做强新兴产业，就能跑出动能转换的“加速度”。

这一切恰到好处。腾夕材料公司拥有自主知识产权的核心技术，产品涵盖了热塑性弹性体、高端尼龙材料等多个种类，它的到来，可以让新区实现“从一块煤到各种功能性新材料”的全产业链一体化生产。

但该项目投资额大、涉及面广、手续烦琐，为了让企业愿意来，并能留下来，新区成立了由工业园区管委会主要领导牵头的领导小组，在服务和政策上都拿出了诚意。“软实力是我们的重要支撑。2022年年初，我们创新了政企联合办公机制。我们不仅要考虑自身资源，也要考虑企业需求；不仅要考虑引进来的当下，还要考虑留得住的长远。”新区负责人总结道。

资料5：

乐原市是座典型的老工业基地城市，传统产业结构以重化工业为主。随着国家“双碳”目标的提出，乐原市一批老工业企业陆续搬迁改造，留下了大片破旧老厂房。废旧的厂房、闲置的土地如何再利用？市里组织有关政府工作人员、专家到N市和M市进行调研学习。调研结束后，调研组组长召集大家进行了研讨。

组长：经过我们的招商工作，目前新远眼镜公司有意向搬来。这家公司生产基地位于H市。当然他们也在多方考察和比较。像眼镜生产这样的轻工业，我市以前并无布局。我们要不要承接这家公司？通过什么来吸引他们？大家可以讨论一下。

组员A：这是我们不容错过的发展良机，这样在工业领域我们就可以补短板、强弱项。我市物流、土地、水电气等生产要素成本都相对较低，可以用返租模式引入这家眼镜企业。

组员B：我了解到，这家公司原本的工厂有近600名工人，其中我省户籍的人员约占60%。这家企业落户我市，对于稳定技术工人队伍很有利。

组员C：我们有全省最大的金、银、铜、铅、锌、钨深加工基地，还有一家电镀产业园区——眼镜框架的生产离不开电镀。从企业角度，产业链的配套、上下游企业的集聚有助于降本增效，我们的胜算很大。从我们自身的角度，引进眼镜产业不仅能够将潜在优势转化为产业优势，也更有助于产业链的延伸扩展。

组员D：眼镜产业属于劳动密集型产业，生产一副眼镜工序繁复，其中90%的工序需要人工操作，有的误差不能超过0.1毫米，这就要求工人有较高技能。如果引入这一产业，我们要重点加强技术工人的技能培训。

组员E：目前传统眼镜市场竞争日趋激烈，我市可以打造一个“眼镜小镇”，谋划布局人工智能视觉科技这一新兴领域。以传统眼镜产业为基础，以视觉科技、智能制造为主导，扩展VR技术、眼科医疗保健等关联产业。将来还可以建设眼科医院、康养基地等，构建高端视觉产业链。

组长：各位的意见都很有建设性，我听了很受启发。大家再讨论一下，如果这家企业选择了我市，有哪些方式可以留住他们？对我们来说，N市和M市有哪些经验值得我们借鉴？

三、作答要求

1. 在“给定资料1”中，青年画家为玉陵湖大桥作画并题名《巧》。请你谈谈玉陵湖大桥“巧”在哪些方面。（10分）

要求：全面、准确、有条理，不超过250字。

2. 根据“给定资料2”谈谈为什么“有村民说，窑洞修复的过程，也是他们从旁观者变成参与者再到传承者的过程”。（15分）

要求：分析全面，条理清晰，不超过250字。

3. 假如你是J市的历史专家叶教授，请你根据“给定资料3”，起草一份《关于加强凤凰河流域文化建设的建议》。（20分）

要求：（1）意义全面，问题精准，措施可行；（2）层次分明，逻辑清晰，表述准确；（3）不超过400字。

4. 在“给定资料5”中，调研组拟向乐原市政府汇报调研情况。汇报的重点是如何借鉴“给定资料4”中N市和M市的经验，促进新远眼镜公司的合作以及乐原市相关产业的发展。请你为调研组草拟汇报的主要内容。（20分）

要求：（1）观点明确，内容全面；（2）条理清晰，有逻辑性；（3）不超过500字。

5. 大河奔腾不息，在流动中焕发生机，纵横交错的桥梁路网，构成经济发展的动脉，不断产生发展机遇；产业通过转型升级，迸发出新的活力，不断产生新的动能……请你参考给定资料，联系实际，自选角度，以“流动与新生”为题目，写一篇文章。（35分）

要求：（1）观点明确，见解深刻；（2）参考给定资料，但不必拘泥于给定资料；（3）思路清晰，语言流畅；（4）字数1000～1200字。

申论考试答题用纸

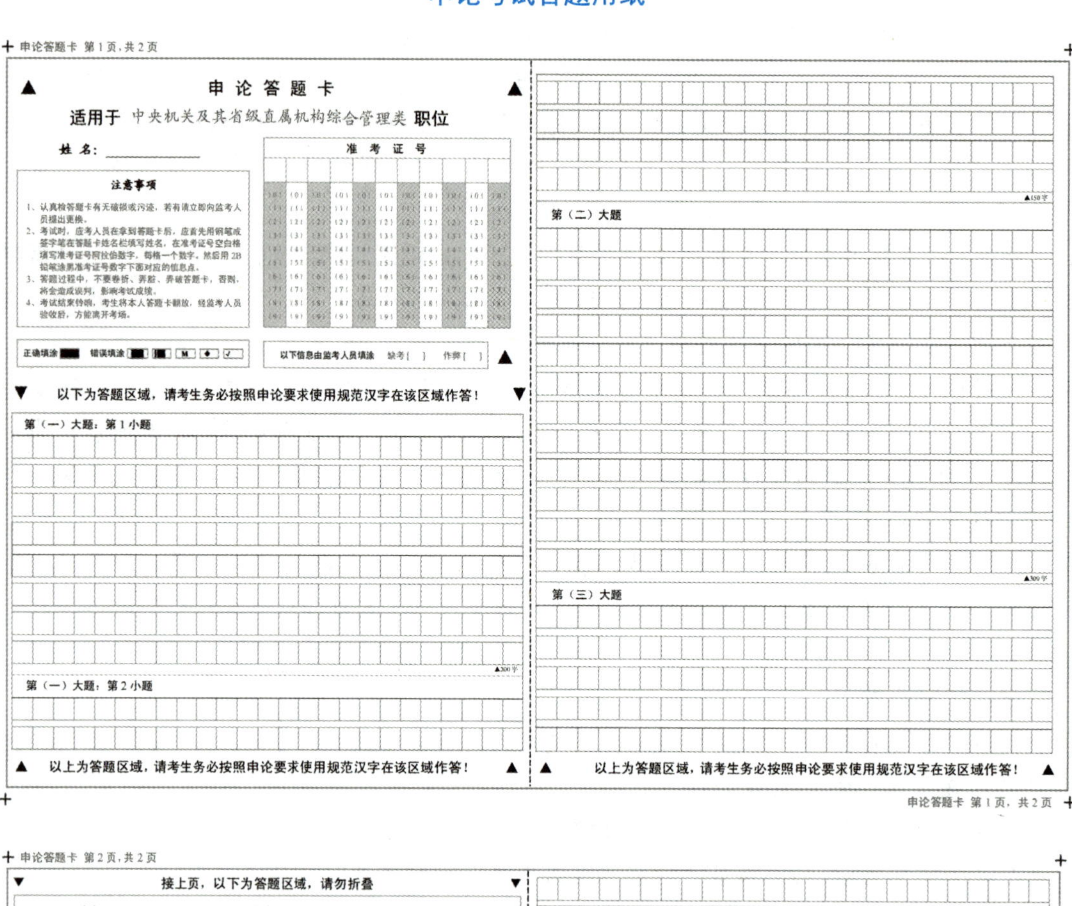

申论答题卡 第1页，共2页

▲ 申 论 答 题 卡 ▲

适用于 中央机关及其省级直属机构综合管理类 职位

姓 名：________

准 考 证 号

(0) (1) (2) (3) (4) (5) (6) (7) (8) (9)

注意事项

1、认真检答题卡有无破损或污迹，若有请立即向监考人员提出更换。
2、考试时，应考人员在拿到答题卡后，应首先用钢笔或签字笔在答题卡姓名栏填写姓名，在准考证号空白格填写准考证号阿拉伯数字，每格一个数字，然后用2B铅笔涂黑准考证号数字下面对应的信息点。
3、答题过程中，不要卷折、弄脏、弄破答题卡，否则，将会造成误判，影响考试成绩。
4、考试结束铃响，考生将本人答题卡翻放，经监考人员验收后，方能离开考场。

正确填涂 ▇ 错误填涂 [▇] [▌] [M] [◆] [✓]

以下信息由监考人员填涂 缺考[ ] 作弊[ ] ▲

▼ 以下为答题区域，请考生务必按照申论要求使用规范汉字在该区域作答！▼

第（一）大题：第1小题

▲200字

第（一）大题：第2小题

▲ 以上为答题区域，请考生务必按照申论要求使用规范汉字在该区域作答！▲

▲150字

第（二）大题

▲300字

第（三）大题

▲ 以上为答题区域，请考生务必按照申论要求使用规范汉字在该区域作答！▲

申论答题卡 第1页，共2页

申论答题卡 第2页，共2页

▼ 接上页，以下为答题区域，请勿折叠 ▼

姓名：________ 准考证号：________

▲400字

第（四）大题

▲800字

全卷到此结束

申论答题卡 第2页，共2页

四、“流动与新生”参考范文

流动与新生

何为“流动”？流动是运动和变化，无论是物质世界，还是人类社会，抑或是人的意识观念，都处于这一状态。何为“新生”？新生是突破与发展，打破旧局面，焕发新活力，如社会要进步，经济要发展，文化要繁荣，观念要革新，这些都是我们期盼的“新生”。“流动”为“新生”迸发赋予能量，“新生”恰是“流动”的意义所在。可以说，世间万物都在追求“新生”，这是普遍规律。我们要意识到，唯有“流动”才能焕发“新生”的希望，“新生”的活力又是促进下一轮“流动”的动力，二者正是在循环往复中推动经济社会的滚滚向前。

在自然界中，物质的流动所创造的奇迹无所不在。就像河水的奔流，滋润、孕育着沿岸的生机；就像深海的鲸落，一鲸落，万物生，以自己的身躯供养起一座座生命的“绿洲”……人类社会的进步也是“流动”的产物，各种资源流动促进了经济发展的新生，各类知识信息的流动加速了文明的新生。没有“流动”就没有“新生”，“流动的中国”所呈现出的生机也更加弥足珍贵。随着社会经济的全面复苏，我们国家的流动性势必进一步增强，这股潮流循环往复、滚滚向前，势不可挡。

因此，享受过社会流动的红利，也经历过发展遇阻的阵痛，整个社会应当形成共识——促成和保障有序、规范的流动，创造一个更加辉煌、更为幸福、更有活力的中国。

打造活力中国的关键一步，就是要促进各类物质资源的流动。我们要打破地域的界限，让交通互联互通，让人才、技术、资金和土地等要素自由流动。现下中国发达的交通，早已让世界为之惊叹，“说走就走，路不再长”，四通八达的路网构成了经济社会发展的“大动脉”，商品在其间运输，人员在其间流动，技术由此更好地传播，贸易也因此更加繁荣。正因如此，接下来，我们除了要推动各种资源在国内流动，更要借助国际循环的方式，让世界的资源流动起来。例如国家提出的“一带一路”合作倡议，正是在经济的深度合作中，激活中国乃至世界的生机，实现合作共赢。

除却物质层面要更好地流动，精神层面的变革与突破也同样重要。在观念上要持续更新、在商业模式上要不懈探索、在战略布局上要与时俱进，这些都是实现发展的重要动力。当下旅游业的发展如火如荼，离不开一个个想要见识广阔世界、向往诗和远方的灵魂；窑洞文化的保护与传播，背后是村民对它的认同与热爱；激发全民消费热情的直播带货模式，也是源自一个不经意的念头……未来还有更多的新模式等待我们去思索、去挖掘。习近平总书记也曾引用汤之《盘铭》“苟日新，日日新，又日新”的古语，强调不断推进理论创新、制度创新、文化创新等，将改革向纵深推进。

于流动中迎接新生，以新生孕育新的流动，在变化中不断地攀登一座又一座高峰，每座高峰又将是新征程的起点。希望未来的中国流动不止，奇迹不断，永远向前！

？想一想

各小组分析范文后，选择一个题目，允许上网查询，完成课堂独学。

题目一：结合国家公务员申论考试的考查重点与能力要求，分析其核心特点，并联系自身知识结构与实践经验，阐述在备考过程中需要重点强化的能力维度及提升路径。

题目二：思考文学创作与申论写作的关系。

组建学习小组，同学们互相分享各自的独学成果，并请同学们帮忙润色文稿。同时，记录下同学们独学思考中的闪光点和教师点评给予你的启发。

改一改

瑕疵案例1

下文为应试者A对“作答要求”中第2题进行的作答。

修复窑洞不仅是物质层面的重建，更是文化观念、村民角色、社区参与精神的体现。村民角色转变的过程有以下几个关键阶段。

不认同阶段：最初，村民可能对窑洞修复持观望态度，因为修复工作由村委会和专家团队主导，与他们没有关系。后来，村委会鼓励村民也参加修复，激发了他们参与修复的热情。他们捐钱捐物还参与义务劳动，以实际行动支持修复工作，成为积极的参与者。

从参与者到传承者阶段：随着修复工作的深入，村民不仅在行动上支持，更在思想和文化层面上成为传承者。他们开始主动传播窑洞文化，成为义务宣讲员，向游客和社区成员传递窑洞的历史和文化价值。这种角色的转变不仅提升了修复工作的意义，也确保了窑洞文化得以传承给下一代。

总之，窑洞修复的过程是村民从观念转变到行动参与，再到文化传承的完整链条，也是他们从被动旁观到主动参与，再到成为文化传承者的转变过程。这一过程不仅增强了村民的文化保护意识，也为文化遗产的传承和发展奠定了坚实的基础。

瑕疵案例2

下文为应试者B对“作答要求”中第3题进行的作答。

J市历史文化资源专家报告

尊敬的市长：

我市历史文化资源保护面临诸多挑战，作为J市的历史专家，我有权提出下列意见：

一、全流域“一盘棋”。牵头成立文化工作领导小组，成员涵盖沿线城市主要领导，制定系统性保护传承战略规划；统筹流域内相关部门，形成保护合力；整体推进调查研究，提炼文化核心内容。

二、挖掘文化内涵，发展文化旅游。历史文化资源不仅要保护，还要发展。我市拥有丰富的非物质文化遗产，如传统戏曲、民间工艺等。建议加强非物质文化遗产的挖掘、保护、传承，让这些宝贵的文化遗产在新时代焕发新的生命力。

最后，要求市政府提高市民的文化自觉和文化自信，为国家做贡献。

此致

敬礼！

叶教授

××年××月××日

练一练

在2023年国家公务员考试（副省级）申论的“给定资料1”中，青年画家为玉陵湖大桥作画并题名《巧》。请你谈谈玉陵湖大桥“巧”在哪些方面。要求：全面、准确、有条理，不超过250字。

晒一晒

请与同学交换并修改各自的“练一练”作业，根据教师的点评意见再次修改。完成修改后，将你的初稿、修改稿、定稿，以及“独学思考”“亮点闪闪”“改一改”部分拍照上传至学习平台，看看你在本节学习中取得了哪些收获吧！

考一考

你有2分钟时间完成题库中的5道选择题，加油！系统得分：__________分。

初入职场——奋斗小明

“大鹏一日同风起，扶摇直上九万里！”小明踏入了他梦寐以求的《财富》世界500强企业——吉利集团，开启了他的职业生涯。作为企划部的一名新人，“兴奋+紧张”是绝对标配。当看到办公系统《关于召开年度工作汇报会议的通知》时，小明知道，实用写作不是白学的，不禁一阵窃喜。随后，工作群里领导发话：“小明，发一份函……”

第一节 函

听一听

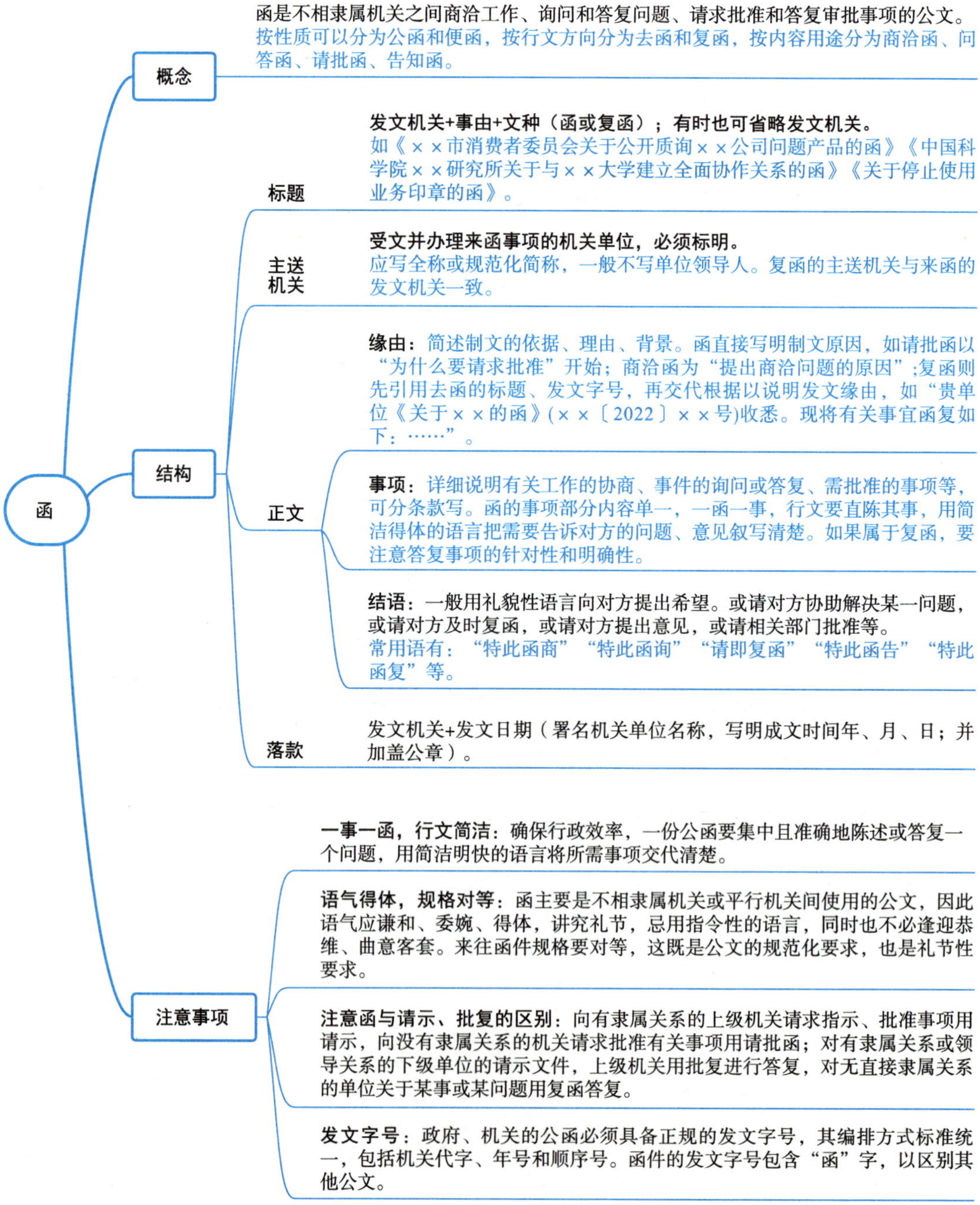

函

概念

函是不相隶属机关之间商洽工作、询问和答复问题、请求批准和答复审批事项的公文。按性质可以分为公函和便函，按行文方向分为去函和复函，按内容用途分为商洽函、问答函、请批函、告知函。

结构

标题

发文机关+事由+文种（函或复函）；有时也可省略发文机关。
如《××市消费者委员会关于公开质询××公司问题产品的函》《中国科学院××研究所关于与××大学建立全面协作关系的函》《关于停止使用业务印章的函》。

主送机关

受文并办理来函事项的机关单位，必须标明。
应写全称或规范化简称，一般不写单位领导人。复函的主送机关与来函的发文机关一致。

正文

缘由：简述制文的依据、理由、背景。函直接写明制文原因，如请批函以“为什么要请求批准”开始；商洽函为“提出商洽问题的原因”;复函则先引用去函的标题、发文字号，再交代根据以说明发文缘由，如“贵单位《关于××的函》(××〔2022〕××号)收悉。现将有关事宜函复如下：……”。

事项：详细说明有关工作的协商、事件的询问或答复、需批准的事项等，可分条款写。函的事项部分内容单一，一函一事，行文要直陈其事，用简洁得体的语言把需要告诉对方的问题、意见叙写清楚。如果属于复函，要注意答复事项的针对性和明确性。

结语：一般用礼貌性语言向对方提出希望。或请对方协助解决某一问题，或请对方及时复函，或请对方提出意见，或请相关部门批准等。
常用语有：“特此函商”“特此函询”“请即复函”“特此函告”“特此函复”等。

落款

发文机关+发文日期（署名机关单位名称，写明成文时间年、月、日；并加盖公章）。

注意事项

一事一函，行文简洁：确保行政效率，一份公函要集中且准确地陈述或答复一个问题，用简洁明快的语言将所需事项交代清楚。

语气得体，规格对等：函主要是不相隶属机关或平行机关间使用的公文，因此语气应谦和、委婉、得体，讲究礼节，忌用指令性的语言，同时也不必逢迎恭维、曲意客套。来往函件规格要对等，这既是公文的规范化要求，也是礼节性要求。

注意函与请示、批复的区别：向有隶属关系的上级机关请求指示、批准事项用请示，向没有隶属关系的机关请求批准有关事项用请批函；对有隶属关系或领导关系的下级单位的请示文件，上级机关用批复进行答复，对无直接隶属关系的单位关于某事或某问题用复函答复。

发文字号：政府、机关的公函必须具备正规的发文字号，其编排方式标准统一，包括机关代字、年号和顺序号。函件的发文字号包含“函”字，以区别其他公文。

范文1

四川省人工智能研究所关于建立全面协作关系的函

山海大学：

随着科技的飞速发展，人工智能已成为引领未来的重要力量。四川省人工智能研究所（以下简称“本所”）在人工智能领域拥有深厚的研究基础和丰富的实践经验，而贵校在人才培养方面具有显著优势。为进一步推动人工智能领域的研究与发展，促进产学研深度融合，本所拟与贵校建立全面协作关系。现将有关事宜函告如下：

一、人才培养方面的合作

（一）共同制订人才培养计划：根据行业需求和技术发展趋势，双方将共同制订人才培养方案，确保培养出符合市场需求的高素质人才。

（二）实施双导师制度：本所将选派资深研究人员担任兼职导师，与贵校教师共同指导学生，实现教学资源的共享。

（三）开展联合培养项目：双方将联合开展本科生、研究生的培养项目，通过实习实训、科研项目等方式，提高学生的实践能力和创新能力。

二、科学研究方面的合作

（一）建立联合研究平台：双方将共同建立人工智能联合研究平台，共享科研设施和数据资源，促进科研成果的转化和应用。

（二）共同申请科研项目：本所将与贵校联合申报国家和地方重大科研项目，以提升研究水平和影响力。

（三）定期举办学术交流活动：双方将定期举办学术研讨会、讲座等活动，邀请国内外知名专家学者进行交流，促进学术创新。

三、合作机制与保障措施

（一）成立合作协调小组：双方将成立合作协调小组，负责日常沟通与协调工作，确保合作项目的顺利推进。

（二）明确双方责任与义务：双方将签订合作协议，明确各自的责任和义务，确保合作的顺利进行。

（三）设立专项基金：本所将设立专项基金，用于支持双方合作项目的开展，包括人才培养、科研合作等方面。

我们对双方的合作充满期待，相信通过共同努力，一定能够取得丰硕的成果。希望贵校能够积极响应，共同推动人工智能技术的发展和应用，为社会进步做出更大的贡献。

特此致函，请予函复。

四川省人工智能研究所

2025年5月1日

范文 2

教育部关于同意设置福建福耀科技大学的函

教发函〔2025〕14号

福建省人民政府：

《福建省人民政府关于申请设置福耀科技大学的函》（闽政函〔2024〕48号）和《福建省教育厅关于将拟设置新型研究型大学校名调整为福建福耀科技大学的请示》（闽教发〔2025〕1号）收悉。根据《中华人民共和国高等教育法》《中华人民共和国民办教育促进法》《中华人民共和国民办教育促进法实施条例》《普通高等学校设置暂行条例》有关规定以及第八届全国高等学校设置评议委员会评议结果，经教育部党组会议研究决定，同意设置福建福耀科技大学，学校标识码为4135014896。现将有关事项函告如下：

一、福建福耀科技大学为民办普通本科学校，定位为新型研究型大学，紧紧围绕国家战略和经济社会发展需要，突出理工和科技，着重开展制造业科技创新研究，培养拔尖创新人才，由你省领导和管理。

二、学校要切实加强党的建设，全面贯彻党和国家的教育方针，坚持社会主义办学方向，落实立德树人根本任务，培养德智体美劳全面发展的社会主义建设者和接班人。

三、学校专业设置按教育部有关规定办理，同意首批设置计算机科学与技术、智能制造工程、车辆工程、材料科学与工程等4个普通本科专业。

四、学校全日制在校生规模暂定为8000人。

五、要按照《福建省政府支持福耀科技大学（暂名）提升办学水平实施方案》（闽政〔2024〕10号）明确的工作举措，高质量推进学校建设发展。教育部将适时对文件落实情况进行核验，并将核验结果作为审批你省设立其他高等学校的重要参考。

望你省加强对学校的指导和支持，督促举办者进一步加大办学投入，引导学校按照“高起点、小而精、研究型、国际化”办学定位，聚焦服务国家战略性新兴产业和未来产业发展，大力推进产教融合、科教融汇，集聚一流师资，打造一流学科，培育一流人才，产出一流成果，积极探索新型研究型大学办学模式，为国家和区域经济社会高质量发展作出积极贡献。

附件：福建福耀科技大学办学许可证信息（略）

教育部
2025年2月21日

（www.moe.gov.cn/srcsite/A03/s181/202503/t20250320_1183927.html）

? 想一想

各小组分析范文后，选择一个题目，允许上网查询，完成课堂独学。

题目一：去函和复函书写要点有什么不同？

题目二：什么情况下可以使用工作便函？

题目三：工作便函与公函的写作有什么区别？

组建学习小组，同学们互相分享各自的独学成果，并请同学们帮忙润色文稿。同时，记录下同学们独学思考中的闪光点和教师点评给予你的启发。

改一改

瑕疵案例1

关于借用场地的函

尊敬的银色商场公司领导：

我部门计划于近期举办一场活动，为了确保活动的顺利进行，我们需要借用贵公司的场所，特此致函，请贵单位领导审批我们的借用申请。

以下是我单位关于借用场地的相关事项：

（一）借用时间：我们计划于2025年8月17日借用贵单位场地，用于举办本次活动，在活动结束后尽快将场地归还给贵单位。

（二）借用地点：我们希望借用贵公司正大路888号银色商场一层，该地点对于活动的顺利进行具有重要意义。我们将在活动期间对场地进行合理布置，确保活动顺利进行。

（三）活动内容：我们将在借用场地期间举办一场活动。我们承诺在活动过程中遵守相关法律法规，确保活动的安全和秩序。

（四）场地使用：我们将在借用期间爱护场地设施，保持现场整洁，同时将在活动结束后对场地进行清理，确保场地完好无损。

为了表达我们对贵公司的支持和感谢，我们愿意在活动期间为贵公司提供一定的宣传和协助。我们相信，通过双方的共同努力，本次活动的成功举办将为贵公司带来良好的社会效益。

再次感谢贵公司领导对我们借用场地的关注和支持。我们期待您的审批，并承诺在活动过程中遵守相关规定，确保活动顺利进行。如有任何疑问，请随时与我们联系。

集团宣发部

瑕疵案例2

关于技术人员引进和技术合作项目推进的询问函

随着企业发展和市场需求的日益增强，技术人员引进和技术合作项目的推进成为我们迫切关注的焦点。特此向贵单位发送询问函，旨在进一步明确我司对技术人才引进和项目合作的规划和推进措施。

一、技术人员引进和技术合作的需求

随着公司业务的不断拓展，我们急需引进一批具备专业技能和丰富经验的技术人员，以增强我司的技术实力和创新能力。我们期望通过引进优秀的技术人才，提升我司在行业内的竞争力和市场地位。

同时，我们计划开展一系列技术合作项目，以推动公司的技术创新和业务发展。为此，我们希望能够与行业内具备一定实力和影响力的企业或机构建立合作关系，共同推进技术合作项目的实施。因此，如能与贵方达成合作，我们将万分感谢。

二、人才引进与项目合作的计划

（一）针对技术人才引进，我司已经制订了明确的计划与措施。首先，制订详细的人才引进计划，明确引进人才的数量、专业领域和技能要求；通过多种渠道发布招聘信息，吸引优秀的技术人才加入我司；设立专门的人才引进团队，负责人才的筛选、面试和录用工作；提供具有竞争力的薪酬福利和良好的职业发展机会，吸引更多优秀人才。

（二）为了确保技术合作项目的顺利推进，我们将成立专门的项目组，负责项目的策划、实施和监督；与合作对象进行深入沟通和协商，明确合作目标和责任分工；制订详细的项目实施计划，明确时间节点和任务要求；建立有效的沟通机制，确保项目各方的信息畅通和协同工作。

三、期望与建议

我们期望贵单位能够给予我们支持和协助，共同推进技术人才引进和技术合作项目的实施。同时，我们也建议贵单位在以下几个方面给予关注和支持：

（一）提供政策支持和资金扶持，以降低我司在人才引进和项目推进过程中的成本和风险。

（二）协助我司与潜在的合作对象进行沟通和协商，推动技术合作项目的顺利实施。

（三）定期对我司的技术人才引进和技术合作项目进行评估和监督，以确保项目的顺利进行和取得预期成果。

特此询问，期待贵单位的回复与支持，感激不尽。

××公司人事部

2025年5月6日

练一练

吉利集团即将与科济集团就人工智能领域新品研发合作事宜举行一次洽谈会，请你以企划部员工小明的身份，在公司内部撰写一份告知函。

晒一晒

请与同学交换并修改各自的“练一练”作业，根据教师的点评意见再次修改。完成修改后，将你的初稿、修改稿、定稿，以及“独学思考”“亮点闪闪”“改一改”部分拍照上传至学习平台，看看你在本节学习中取得了哪些收获吧！

考一考

你有2分钟时间完成题库中的5道选择题，加油！系统得分：＿＿＿＿＿＿分。

第二节 工作报告

听一听

工作报告

- 概念
  - 工作报告属于报告的一种，适用于向上级汇报某一阶段的工作。全面汇报工作中的做法、经验和教训等，使上级能及时掌握工作进度，有利于取得支持和帮助。
  - 如《××市人民政府2024年政府信息公开工作年度报告》《中国人民政治协商会议全国委员会常务委员会工作报告》《××公司年终工作总结报告》。
- 结构
  - 标题
    - 一般使用完全式标题：单位+事由+文种
    - 如《××学校关于年度教学质量评估的工作报告》；简约式标题“事由+文种”“单位+文种”，如《关于2024—2025学年度学生社团活动筹办情况的工作报告》《××公司××部门工作报告》。
  - 主送机关
    - 主送直属上级机关，原则上主送一个上级机关，使用全称或规范化简称。
  - 正文
    - 前言：简要概述
      - 简述报告编制的背景、目的和意义，明确报告所涵盖的时间段、工作内容等。
      - 段末常用“现将……报告如下”“现将……汇报于后”等惯用语导入下文。
    - 主体：具体内容
      - **成绩**：列举主要工作成果，用数据或案例支撑。写作时注意点面结合，突出重点、详略得当。
      - **经验**：对工作成果进行深入分析，提炼总结可复制的成功经验。以叙述为主，加上适当议论点明主题。
      - **问题**：列举在工作中遇到的主要问题，分析工作失误的原因以及应当吸取的教训。要善于归纳分析，使之条理化；要有问题意识，针对性发现潜在影响。
      - **措施**：提出针对问题的具体改进措施，设定明确的工作目标和计划。
    - **结语**：通常以“特此报告”等上行文惯用语作结，有的工作报告也可以无结语。在工作报告的结语中，不能带期复性词语，如“以上报告，请批复”“以上报告，请审批”等，因为工作报告是单向行文，不能夹带请示事项。
  - 落款
    - 署名+日期（单位工作汇报应加盖公章，个人应标明身份）
- 注意事项
  - **全面性：实事求是，真实准确。**力求准确反映事物的本来面目，全面反映情况。反映真实的工作情况，不夸大、不缩小；确保报告中所有数据准确无误，引用数据时注明来源。
  - **针对性：突出重点，点面结合。**明确报告的目的，突出工作重点。叙议结合，语言简洁明了，避免冗长和晦涩，针对具体工作内容可以使用图表、图片等辅助说明。
  - **多元性：类型多样，重点不一。**不同类型的工作报告，写作重点不同。综合性工作报告内容力求详实概括，全面具体；专项工作报告要紧扣主题事由，或总结经验，或反映情况，或反思问题等。

范文1

关于校园安全隐患排查整改工作的报告

山海大学党政联席会：

为确保校园环境安全，保障师生员工的生命财产安全，根据上级部门关于加强校园安全管理工作的要求，结合我校实际情况，在安全工作领导小组的统筹安排下，我校于2025年3月20日至22日在全校范围内开展了校园安全隐患排查工作。

一、排查范围与方法

本次安全隐患排查覆盖全校区域，包括但不限于教学楼、宿舍楼、实验室、食堂、图书馆、体育设施等公共区域，以及消防、用电、食品卫生、交通安全等方面。采取实地查看、资料审查、问卷调查等多种方式进行细致排查。

二、排查发现的主要问题

（一）消防安全：部分楼层消防器材检查记录不全，个别灭火器压力不足，部分疏散通道存在杂物堆放现象。

（二）用电安全：少数实验室电线老化，插座超负荷使用；学生宿舍私拉乱接电线的情况偶有发生。

（三）食品安全：食堂部分食材存储未严格遵循先进先出原则，个别操作间卫生状况需改善。

（四）交通安全：校园内非机动车停放不规范，部分路段人车混行，存在安全隐患。

（五）其他：部分教学楼楼梯扶手松动，存在跌落风险；监控设备盲区较多，影响校园整体监控效果。

三、整改措施与进展

（一）消防安全：立即补充完善消防器材检查记录，对所有灭火器进行全面检测并更换不合格产品；清理疏散通道障碍物，确保畅通无阻。

（二）用电安全：紧急更换老化电线，增设电源插座以满足需求，同时开展用电安全教育，严禁私拉乱接电线。

（三）食品安全：严格执行食材管理制度，加强库存管理；对食堂进行全面清洁消毒，提升卫生标准。

（四）交通安全：划定非机动车停车区域，增设交通指示标志，加强校园交通秩序管理。

（五）其他：维修加固楼梯扶手，消除跌落隐患；调整监控布局，减少监控盲区，提升校园安防能力。

四、后续工作计划

本次校园安全隐患排查整改工作计划分为三个时间节点：

第一阶段（2025年3月至5月）：全面开展排查工作，制订整改方案。

第二阶段（2025年6月至8月）：实施整改措施，进行中期评估。

第三阶段（2025年9月至11月）：完成整改工作，进行总结和验收。

目前，第一阶段的工作已经顺利完成，排查工作全面展开，并形成了详细的排查报告。学校正在按照整改方案有序推进第二阶段的工作。

通过本次校园安全隐患排查整改工作，山海大学将进一步提升校园安全管理水平，确保师生的生命财产安全。学校将继续加强安全管理，不断完善安全设施，提高师生的安全意识，共同营造一个安全、和谐的校园环境。

山海大学保卫处

2025年3月25日

范文 2

四川省文化和旅游厅关于2023年度法治政府建设情况的报告

省委、省政府：

根据《法治政府建设与责任落实督察工作规定》要求，现将文化和旅游厅2023年度法治政府建设情况报告如下：

一、2023年度主要举措和成效

2023年，四川省文化和旅游厅坚持以习近平新时代中国特色社会主义思想为指导，深入学习习近平法治思想，坚决贯彻党的二十大精神和习近平总书记来川视察系列重要指示精神，扎实推动文化和旅游系统各项工作依法高效开展。

（一）坚持党对法治政府建设工作的领导，统筹推动各项工作开展。一是严格履行主要负责同志推进法治建设第一责任人职责。厅党组高度重视法治建设，把法治政府建设摆在工作全局的重要位置，主要负责同志对重要工作亲自部署、重大问题亲自过问、重点环节亲自协调、重要任务亲自督办，切实履行法治建设重要组织者、推动者和实践者的职责，全面推动中央和省委法治建设各项决策部署落实落地。二是深入学习宣传贯彻习近平法治思想。厅党组把深入学习贯彻习近平法治思想作为重大政治任务，及时传达学习习近平总书记关于法治工作的重要指示批示和讲话精神，认真研究贯彻落实举措。印发《厅务会“会前学法（政策）”工作方案》，对习近平法治思想、文化和旅游领域法律法规，以及本系统依法治省重点工作等进行集中学习，原原本本学习《习近平法治思想读本》《习近平法治思想学习问答》，进一步增强领导班子和领导干部运用法治思维服务大局的意识和能力。三是统筹推进法治政府建设各项工作。按照文化和旅游部关于印发《关于加强文化和旅游领域法治建设的指导意见》的通知、《中共四川省委全面依法治省委员会2023年工作要点》《四川省2023年法治政府建设重点工作安排》《2023年四川省普法依法治理工作要点》等要求，制定印发《四川省文化和旅游厅2023年法治工作要点》，明确6个方面15项重点任务，推动法治工作落实落细。厅法治工作部门定期对年度重点工作计划方案、任务指标等进行对照梳理，及时查漏补缺、细化完善，并及时向省委、省政府请示汇报文化和旅游系统法治政府建设有关情况。

（二）完善依法行政制度体系，加快推进依法治理规范化、程序化、法治化。（略）

（三）提升行政执法效能，全面推进严格规范公正文明执法。（略）

（四）树牢法治为民理念，积极化解各类矛盾纠纷。（略）

（五）强化行政权力制约监督，确保行政权力规范透明运行。（略）

（六）积极开展普法宣传，不断提高法治思维和依法行政能力。（略）

二、存在的不足

一是文化和旅游领域地方法规体系还不健全，古籍保护、文旅融合发展、优秀传统文化保护等领域的地方立法工作需进一步加强；二是部分干部职工运用法治思维和法治方式解决问题的能力有待进一步加强。

三、2024年度主要安排

2024年，文化和旅游厅将坚持以习近平法治思想为指导，坚决贯彻落实党中央和省委法治工作的决策部署，扎实推动各项工作落实。一是加快推动文化和旅游地方立法。配合省人大推动《四川省公共图书馆条例（修订）》出台，加快推进《四川省川剧保护传承条例》（川渝协同）和《四川省古籍保护利用条例》立法进程。二是广泛开展普法宣传。重点围绕《四川省旅游条例（修订）》和即将出台的《四川省公共图书馆条例（修订）》等文化和旅游领域的地方性法规，多措并举开展普法宣传活动，不断增强全省文化和旅游系统法治宣传教育实效。三是积极配合开展执法检查。配合省人大开展《四川省三星堆遗址保护条例》等文化和旅游地方法规的执法检查，确保法律法规落地落实。

四川省文化和旅游厅

2024年1月31日

（http://wlt.sc.gov.cn/scwlt/qtwj/2024/1/31/9dd763da54bc4424a4c269ce159f94f5.shtml）

? 想一想

各小组分析范文后，选择一个题目，允许上网查询，完成课堂独学。

题目一：工作报告与情况报告有什么不同?

题目二：什么情况下使用报告？什么情况下使用请示?

题目三：思考图表形式在工作报告中的有效利用。

组建学习小组，同学们互相分享各自的独学成果，并请同学们帮忙润色文稿。同时，记录下同学们独学思考中的闪光点和教师点评给予你的启发。

改一改

瑕疵案例1

山海大学关于申请修建教学楼的报告

尊敬的领导：

我谨代表山海大学，向您提交此份关于申请修建教学楼的报告。此项建议的提出，旨在更好地满足学院教学需求的增长，以及提高教育质量，为学院的发展注入新的活力。

一、报告背景及目的

随着学院的快速发展，学生人数持续增长，现有教学设施已无法满足教学需求。缺乏足够的教室和实验室将直接影响我们的教学质量和学生的学习效果。新教学楼的修建将为学生提供更舒适、更现代化的学习环境，有助于提升学生的学习积极性和学习效果，从而提升学院的教育质量。

二、修建教学楼的具体内容

（一）建筑规模与布局：新教学楼将根据学院的实际需求进行设计，包括教室、实验室、办公室等空间。我们将根据学院的总体规划，合理布局，确保空间的有效利用。

（二）设施配置：新教学楼将配备现代化的教学设备，如多媒体教室、实验室设备等，以满足现代教学的需求。

（三）环保与安全：我们将充分考虑环保和安全因素，确保新教学楼的环保设计和安全设施的完善。

修建新教学楼是山海大学当前及未来一段时间内的重要任务，对于提升教学质量、优化教学资源、促进学校发展具有重要意义。我们恳请上级主管部门给予高度重视和支持，批准我校修建教学楼的申请，并指导我们做好后续工作。同时，我校将严格按照规划进行设计和施工，确保项目的顺利进行和高质量地完成。我们相信，新教学楼的修建将有助于提高学院的教学质量，推动学院的发展，为学院师生创造更好的学习和工作环境。

敬请领导给予支持。

山海大学

2025年5月10日

瑕疵案例2

××公司2025年度AI模型研发经费使用情况的报告

随着科济公司在人工智能领域的持续深耕，2025年度AI模型研发工作取得了显著进展，这离不开公司对研发经费的高效管理和合理分配。本报告旨在总结2025年度AI模型研发经费的使用情况，并明确下一步经费安排。

一、2025年度AI模型研发经费使用情况

2025年度，科济公司为AI模型研发项目共预算经费人民币4000万元，实际使用2300万元，符合预期规划。

（一）AI模型创建人员费用800万元。其中包含科济“雪球”200万元，“元认知智能评估系统”100万元，“数字人营销助手”100万元，“私域运营管理平台”200万元，“知识问答与培训推荐系统”100万元，“科学计算平台”50万元，其他AI模型创建费用共计50万元。

（二）AI模型优化费用：科济“私域运营管理平台”和“科学计算平台”在应用过程中需对当前算法进行优化，根据实际算力消耗，计划在2026年应用经费中予以保障，目前预算为300万元。2025年，各AI模型创建及其他功能优化需经费预算合计100万元。

（三）AI服务成本500万元。包括第三方公司咨询费、测试费、产品新增功能定制费等。

二、2026年度AI模型研发经费预算安排

为了充分发挥科济公司的科技创新能力，提升企业核心竞争力，根据国家宏观经济政策及国内外人才智力资源状况，公司决定在现有基础上进一步加大研究开发经费的投入力度，确保各项科研项目有序开展并取得实效。经公司总经理办公会审议通过，拟定2026年研发经费预算总额为5000万元，具体划分如下：

（一）AI模型创建费用：预计投入金额为2400万元，用于覆盖新开发的AI模型项目的创建工作。

（二）AI模型优化费用：预计投入金额为1200万元，用于保障已经开发完成的AI模型的项目优化工作。

（三）其他AI相关费用：预计投入金额为1400万元，用于支持其他AI相关的工作，包括但不限于AI开发工具软件购置费、AI服务成本等费用。

2025年度，科济公司在AI模型研发经费管理方面取得了良好成效，为公司技术创新与业务发展提供了有力支撑。展望未来，我们将持续优化经费管理，确保研发投入的高效利用，推动公司在人工智能领域实现更大的突破与发展。

××公司财务部

AI研发中心

练一练

请你以吉利集团企划部小明的身份，拟写一份试用期工作报告的详细大纲。

晒一晒

请与同学交换并修改各自的“练一练”作业，根据教师的点评意见再次修改。完成修改后，将你的初稿、修改稿、定稿，以及“独学思考”“亮点闪闪”“改一改”部分拍照上传至学习平台，看看你在本节学习中取得了哪些收获吧！

考一考

你有2分钟时间完成题库中的5道选择题，加油！系统得分：___________分。

第三节 PPT汇报

听一听

PPT制作

- 概念
  - PowerPoint是一种由文字、图片等制作出来加上一些特效动态显示效果的可播放文件。
  - 可以帮助用户将想法、数据和信息以视觉化的方式呈现，目前广泛应用于商务、教育等领域。PPT制作是一项非常重要的职业技能，也是工作汇报的常用形式。
- 制作流程
  - 准备阶段：确定主题、搜集资料。紧密围绕展示目标，收集相关的数据、文案、图片、图表、视频等多媒体素材进行分类整理。
  - 设计阶段：选择模版，规划页面。选择与主题相符的模板，调整用色、字体、背景等元素，确定每页幻灯片的标题、正文、图片等元素的位置和大小。确保模板的简洁性和美观性，保持页面布局的统一性和协调性，尽量使用图表和图形来展示数据和趋势，也可插入高质量的图片和视频来增强视觉效果。
  - 制作阶段（PPT结构）
    - 封面页
      - **标题**：简洁明了，概括主题；可添加副标题进一步说明主题。
      - **演讲者信息**：姓名、单位等。字体大小适中，易于阅读。
    - 目录页：列出章节或要点，方便听众了解演讲大纲。章节编号或图标层次清晰，便于导航。
    - 内容页
      - **文字内容**：言简意赅，突出重点；逻辑清晰，条理分明。
      - **图片图表**：清晰易懂，内容一致。使用图片时需要保证其与演讲内容相关、清晰度高、易于辨认，图表需要清晰易懂、信息准确、与整体风格协调。
      - 插入一些动画、视频、音乐等，可以使PPT更加生动有趣，有助于吸引观众的注意力。
    - 结尾页：感谢听众、展望未来等。根据使用场景不同，可额外添加联系方式、问答环节等。
- 注意事项
  - 文本内容：突出重点、简化文本。长篇幅的文字会让人产生疲劳感，所以要让文字简洁明了，要求言简意赅，更要画重点和标注。
  - 制作技术
    - **色彩搭配**：与主题相符。保持整体色调和谐统一，避免过于刺眼或暗淡的颜色。
    - **字体选择**：清晰易读。保持字号大小适中，便于阅读，避免使用过多的字体种类。为了确保在不同设备上播放PPT时，字体能够正确显示，可以在保存文件时选择嵌入TrueType字体的选项。
    - **动画效果**：简约适度。动画效果的运用有助于加强PPT的视觉效果，但过多的动画会分散观众的注意力，所以需要在运用动画时，以简约为原则，同时要确保动画效果与演讲内容相匹配。
  - 平台工具：常见的PPT制作工具有Microsoft PowerPoint、Adobe flash、Prezi、Keynote、WPS Presentation；利用AI智能生成平台，如WPS、讯飞智文等……

看一看

范文1

图6-1~图6-3所示为《中国互联网发展报告2021》的部分PPT。

图 6-1　提炼关键词，重点突出

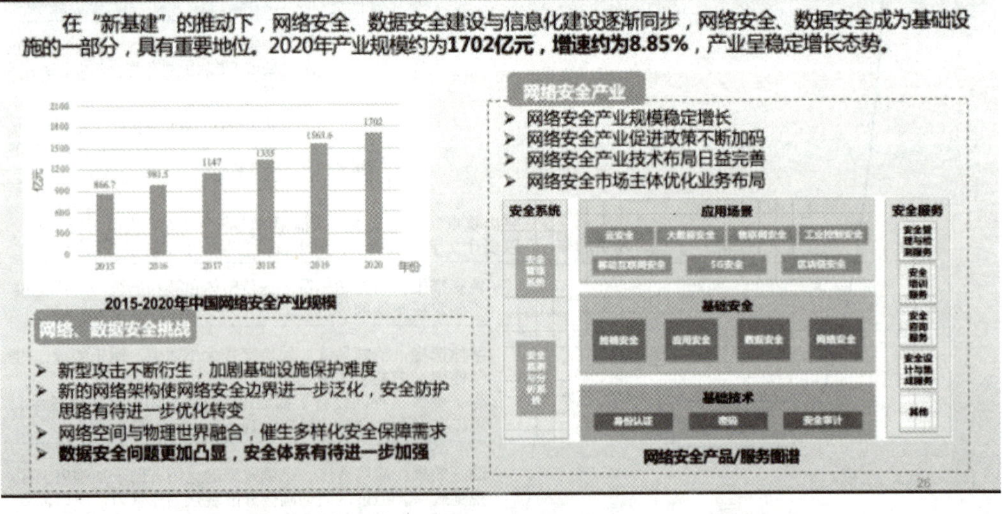

图 6-2　图文并茂，逻辑清晰

网络金融：金融与科技深度融合，合规经营成为监管关注要点

中国互联网协会 Internet Society of China

发展现状和趋势

2020年，我国**金融科技市场**规模达到**3958亿元**，预计**未来五年增速为17.7%**，到2025年金融科技市场整体规模将超过**8900亿元**。我国网络支付用户规模达**8.54亿户**，占网民整体的**86.4%**。

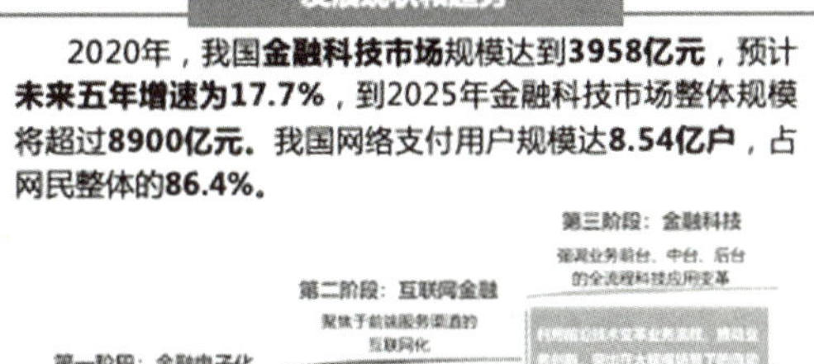

市场细分领域

近年来，互联网金融呈现高速发展状态。随着金融科技市场的进一步发展，市场主体的来源和类型更加多元化，各类市场主体之间的对接合作不断深化扩展，金融"新基建"加速转型，金融开放程度不断加深。

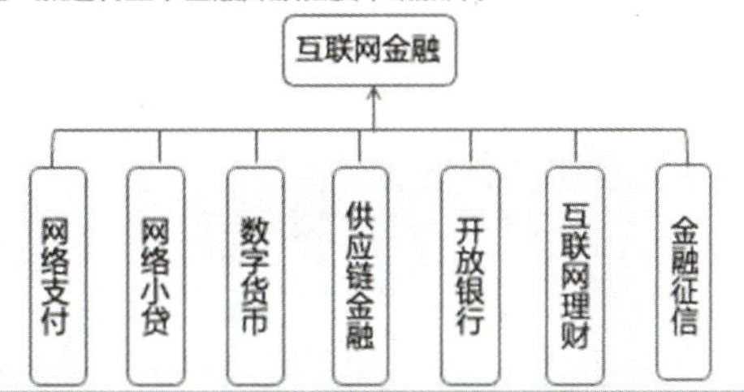

互联网金融信息安全与监管：2020年是我国金融科技监管里程碑式的一年，金融监管部门强调把所有金融活动纳入统一监管。例如：人民银行等四部门联合约谈了蚂蚁集团。

19

图 6-3　布局清晰，得体美观

（节选自《中国互联网发展报告（2021）》，https://www.isc.org.cn/article/40203.html）

范文 2

图6-4~图6-6所示为呈功集团年底总结的部分PPT。

图 6-4　内容逻辑清晰，工作汇报各部分内容完整

图 6-5　图片与文本内容相关，画质清晰

图 6-6　字体清晰、内容全面

? 想一想

各小组分析范文后，选择一个题目，允许上网查询，完成课堂独学。

题目一：什么情况下使用图片？什么情况下插入图片？请举例说明。

题目二：如何保证切换设备后PPT的字体格式不发生变化？

组建学习小组，同学们互相分享各自的独学成果，并请同学们帮忙润色文稿。同时，记录下同学们独学思考中的闪光点和教师点评给予你的启发。

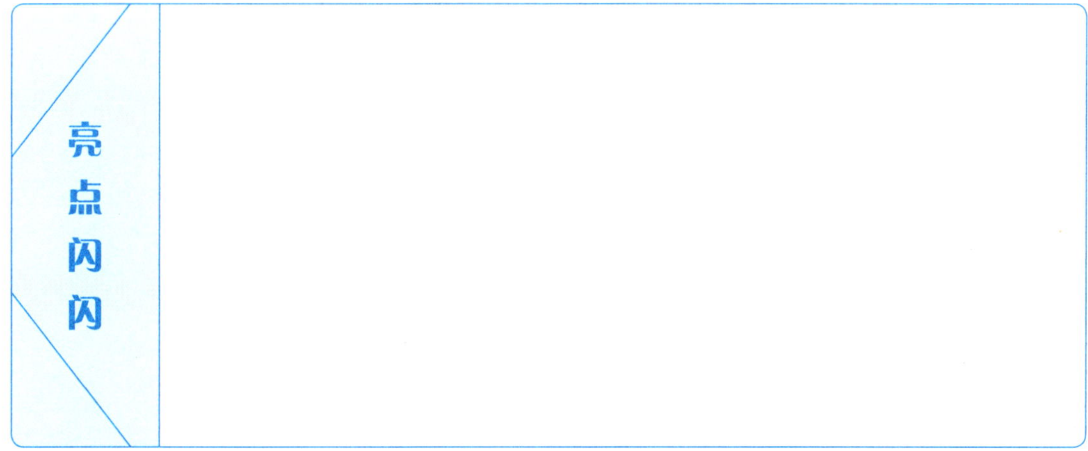

改一改

瑕疵案例1

请指出图6-7~图6-9中PPT存在的问题。

图 6-7　瑕疵 PPT（1）

（一）中国文学分期的几个概念

中国文学：包含古代、近代、现代、当代文学

- 古代（古典）文学：先秦－－清朝末期的文学（1840年前）；
- 近代文学：1840年－1917年的文学，是古典向现代的过渡期，是文学现代性的累积时期；
- 现代文学：1917年－－1949年创作的文学（40年代前称“新文学”），也有的将1917年后的文学统称为现代文学，如朱栋霖编教材；
- 当代文学：1949年7月全国第一次文代会以后创作的文学
（50年代后期提出这一概念，70年代前与新中国文学、“建国以来的文学”、“建国后文学”等名称可互指）；
- 近现代文学：一般指的是1840年后的文学；
- 现当代文学：是现代、当代文学的合称；
- 近百年来中国文学：一般泛指的是近现代、当代文学；
- 二十世纪中国文学：黄子平、陈平原、钱理群在80年代后期提出的概念，将近代、现代、当代文学整合成一个整体看待，以揭示中国文学发展的内在规律性。

图 6-8　瑕疵 PPT（2）

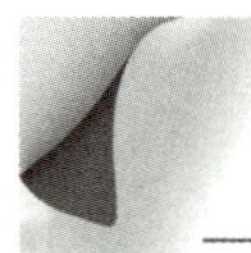

1917年1月《新青年》杂志刊出的胡适的《文学改良刍议》为标志，发生的文学革命，在中国文学史上树起一个鲜明的界碑，标志着古典文学的结束，现代文学的起始。中国现代文学，是中国文学在20世纪持续获得现代性的长期、复杂的过程中形成的。

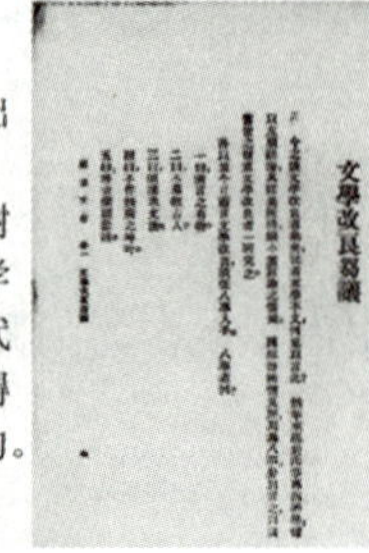
文學改良芻議

图 6-9　瑕疵 PPT（3）

瑕疵案例2

请指出图6-10~图6-13中PPT存在的问题。

余华《活着》读书分享
分享人：小明
2025

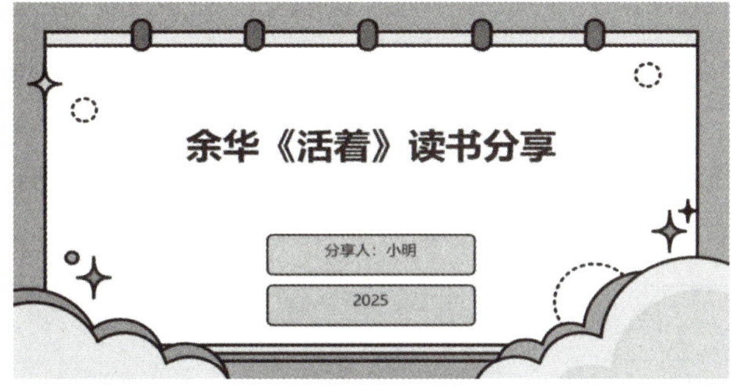

图 6-10　瑕疵 PPT（4）

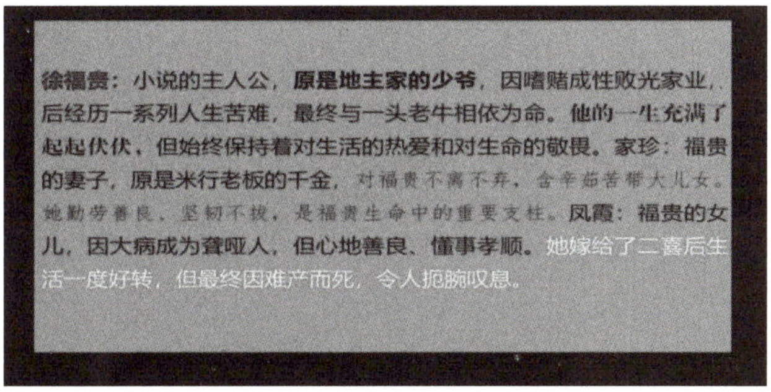

徐福贵：小说的主人公，原是地主家的少爷，因嗜赌成性败光家业，后经历一系列人生苦难，最终与一头老牛相依为命。他的一生充满了起起伏伏，但始终保持着对生活的热爱和对生命的敬畏。家珍：福贵的妻子，原是米行老板的千金，对福贵不离不弃，含辛茹苦带大儿女。她勤劳善良、坚韧不拔，是福贵生命中的重要支柱。凤霞：福贵的女儿，因大病成为聋哑人，但心地善良、懂事孝顺。她嫁给了二喜后生活一度好转，但最终因难产而死，令人扼腕叹息。

图 6-11　瑕疵 PPT（5）

主题思想
生命意义与存在价值
小说中多次出现命运的转折和无奈，如福贵家庭的败落、儿子的意外去世等，揭示了命运的不可预测性和人生的无常。
命运无奈与生活不可捉摸
作者通过描绘福贵的生活经历，展现了生活的复杂性和不可捉摸性，让人们深刻认识到生活中的种种不确定性和挑战。

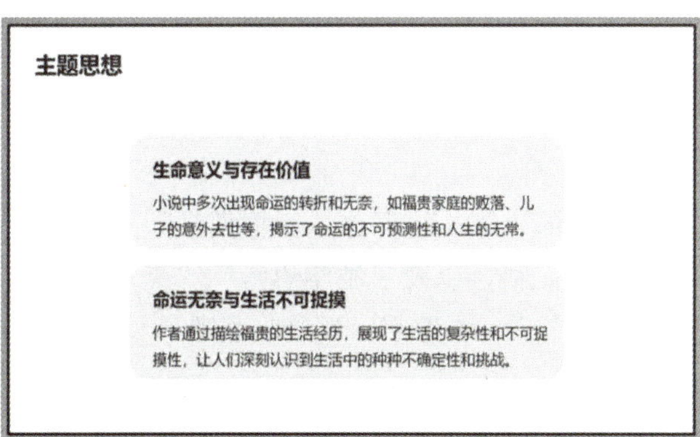

图 6-12　瑕疵 PPT（6）

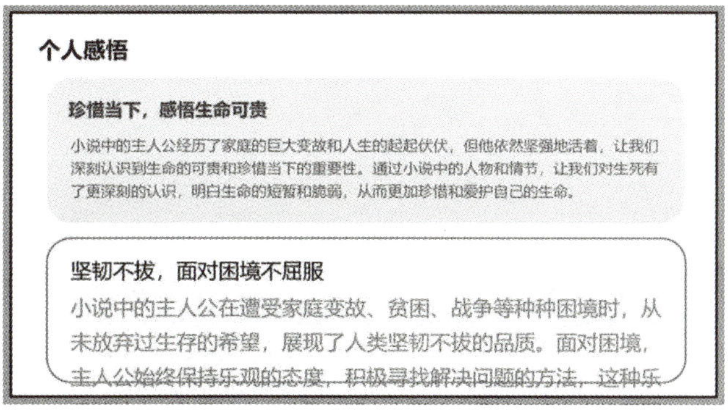

个人感悟
珍惜当下，感悟生命可贵
小说中的主人公经历了家庭的巨大变故和人生的起起伏伏，但他依然坚强地活着，让我们深刻认识到生命的可贵和珍惜当下的重要性。通过小说中的人物和情节，让我们对生死有了更深刻的认识，明白生命的短暂和脆弱，从而更加珍惜和爱护自己的生命。
坚韧不拔，面对困境不屈服
小说中的主人公在遭受家庭变故、贫困、战争等种种困境时，从未放弃过生存的希望，展现了人类坚韧不拔的品质。面对困境，主人公始终保持乐观的态度，积极寻找解决问题的方法，这种乐

图 6-13　瑕疵 PPT（7）

练一练

请你以吉利集团企划部小明的身份，在本章第二节工作报告的基础上，制作一份工作报告的PPT大纲，要求内容完整，并标示出各部分的设计思路。

晒一晒

请与同学交换并修改各自的“练一练”作业，根据教师的点评意见再次修改。完成修改后，将你的初稿、修改稿、定稿，以及“独学思考”“亮点闪闪”“改一改”部分拍照上传至学习平台，看看你在本节学习中取得了哪些收获吧！

考一考

你有2分钟时间完成题库中的5道选择题，加油！系统得分：____________分。

党政机关公文处理工作条例

第一章　总　　则

第一条　为了适应中国共产党机关和国家行政机关（以下简称党政机关）工作需要，推进党政机关公文处理工作科学化、制度化、规范化，制定本条例。

第二条　本条例适用于各级党政机关公文处理工作。

第三条　党政机关公文是党政机关实施领导、履行职能、处理公务的具有特定效力和规范体式的文书，是传达贯彻党和国家的方针政策，公布法规和规章，指导、布置和商洽工作，请示和答复问题，报告、通报和交流情况等的重要工具。

第四条　公文处理工作是指公文拟制、办理、管理等一系列相互关联、衔接有序的工作。

第五条　公文处理工作应当坚持实事求是、准确规范、精简高效、安全保密的原则。

第六条　各级党政机关应当高度重视公文处理工作，加强组织领导，强化队伍建设，设立文秘部门或者由专人负责公文处理工作。

第七条　各级党政机关办公厅（室）主管本机关的公文处理工作，并对下级机关的公文处理工作进行业务指导和督促检查。

第二章　公文种类

第八条　公文种类主要有：

（一）决议。适用于会议讨论通过的重大决策事项。

（二）决定。适用于对重要事项作出决策和部署、奖惩有关单位和人员、变更或者撤销下级机关不适当的决定事项。

（三）命令（令）。适用于公布行政法规和规章、宣布施行重大强制性措施、批准授予和晋升衔级、嘉奖有关单位和人员。

（四）公报。适用于公布重要决定或者重大事项。

（五）公告。适用于向国内外宣布重要事项或者法定事项。

（六）通告。适用于在一定范围内公布应当遵守或者周知的事项。

（七）意见。适用于对重要问题提出见解和处理办法。

（八）通知。适用于发布、传达要求下级机关执行和有关单位周知或者执行的事项，批转、转发公文。

（九）通报。适用于表彰先进、批评错误、传达重要精神和告知重要情况。

（十）报告。适用于向上级机关汇报工作、反映情况，回复上级机关的询问。

（十一）请示。适用于向上级机关请求指示、批准。

（十二）批复。适用于答复下级机关请示事项。

（十三）议案。适用于各级人民政府按照法律程序向同级人民代表大会或者人民代表大会常务委员会提请审议事项。

（十四）函。适用于不相隶属机关之间商洽工作、询问和答复问题、请求批准和答复审批事项。

（十五）纪要。适用于记载会议主要情况和议定事项。

第三章　公文格式

第九条　公文一般由份号、密级和保密期限、紧急程度、发文机关标志、发文字号、签发人、标题、主送机关、正文、附件说明、发文机关署名、成文日期、印章、附注、附件、抄送机关、印发机关和印发日期、页码等组成。

（一）份号。公文印制份数的顺序号。涉密公文应当标注份号。

（二）密级和保密期限。公文的秘密等级和保密的期限。涉密公文应当根据涉密程度分别标注“绝密”“机密”“秘密”和保密期限。

（三）紧急程度。公文送达和办理的时限要求。根据紧急程度，紧急公文应当分别标注“特急”“加急”，电报应当分别标注“特提”“特急”“加急”“平急”。

（四）发文机关标志。由发文机关全称或者规范化简称加“文件”二字组成，也可以使用发文机关全称或者规范化简称。联合行文时，发文机关标志可以并用联合发文机关名称，也可以单独用主办机关名称。

（五）发文字号。由发文机关代字、年份、发文顺序号组成。联合行文时，使用主办机关的发文字号。

（六）签发人。上行文应当标注签发人姓名。

（七）标题。由发文机关名称、事由和文种组成。

（八）主送机关。公文的主要受理机关，应当使用机关全称、规范化简称或者同类型机关统称。

（九）正文。公文的主体，用来表述公文的内容。

（十）附件说明。公文附件的顺序号和名称。

（十一）发文机关署名。署发文机关全称或者规范化简称。

（十二）成文日期。署会议通过或者发文机关负责人签发的日期。联合行文时，署最后签发机关负责人签发的日期。

（十三）印章。公文中有发文机关署名的，应当加盖发文机关印章，并与署名机关相符。有特定发文机关标志的普发性公文和电报可以不加盖印章。

（十四）附注。公文印发传达范围等需要说明的事项。

（十五）附件。公文正文的说明、补充或者参考资料。

（十六）抄送机关。除主送机关外需要执行或者知晓公文内容的其他机关，应当使用机关全称、规范化简称或者同类型机关统称。

（十七）印发机关和印发日期。公文的送印机关和送印日期。

（十八）页码。公文页数顺序号。

第十条　公文的版式按照《党政机关公文格式》国家标准执行。

第十一条　公文使用的汉字、数字、外文字符、计量单位和标点符号等，按照有关国家标准和规定执行。民族自治地方的公文，可以并用汉字和当地通用的少数民族文字。

第十二条　公文用纸幅面采用国际标准A4型。特殊形式的公文用纸幅面，根据实际需要确定。

第四章　行文规则

第十三条　行文应当确有必要，讲求实效，注重针对性和可操作性。

第十四条　行文关系根据隶属关系和职权范围确定。一般不得越级行文，特殊情况需要越级行文的，应当同时抄送被越过的机关。

第十五条　向上级机关行文，应当遵循以下规则：

（一）原则上主送一个上级机关，根据需要同时抄送相关上级机关和同级机关，不抄送下级机关。

（二）党委、政府的部门向上级主管部门请示、报告重大事项，应当经本级党委、政府同意或者授权；属于部门职权范围内的事项应当直接报送上级主管部门。

（三）下级机关的请示事项，如需以本机关名义向上级机关请示，应当提出倾向性意见后上报，不得原文转报上级机关。

（四）请示应当一文一事。不得在报告等非请示性公文中夹带请示事项。

（五）除上级机关负责人直接交办事项外，不得以本机关名义向上级机关负责人报送公文，不得以本机关负责人名义向上级机关报送公文。

（六）受双重领导的机关向一个上级机关行文，必要时抄送另一个上级机关。

第十六条　向下级机关行文，应当遵循以下规则：

（一）主送受理机关，根据需要抄送相关机关。重要行文应当同时抄送发文机关的直接上级机关。

（二）党委、政府的办公厅（室）根据本级党委、政府授权，可以向下级党委、政府行文，其他部门和单位不得向下级党委、政府发布指令性公文或者在公文中向下级党委、政府提出指令性要求。需经政府审批的具体事项，经政府同意后可以由政府职能部门行文，文中须注明已经政府同意。

（三）党委、政府的部门在各自职权范围内可以向下级党委、政府的相关部门行文。

（四）涉及多个部门职权范围内的事务，部门之间未协商一致的，不得向下行文；擅自行文的，上级机关应当责令其纠正或者撤销。

（五）上级机关向受双重领导的下级机关行文，必要时抄送该下级机关的另一个上级机关。

第十七条　同级党政机关、党政机关与其他同级机关必要时可以联合行文。属于党委、政府各自职权范围内的工作，不得联合行文。

党委、政府的部门依据职权可以相互行文。

部门内设机构除办公厅（室）外不得对外正式行文。

第五章　公文拟制

第十八条　公文拟制包括公文的起草、审核、签发等程序。

第十九条　公文起草应当做到：

（一）符合党的理论路线方针政策和国家法律法规，完整准确体现发文机关意图，并同现行有关公文相衔接。

（二）一切从实际出发，分析问题实事求是，所提政策措施和办法切实可行。

（三）内容简洁，主题突出，观点鲜明，结构严谨，表述准确，文字精练。

（四）文种正确，格式规范。

（五）深入调查研究，充分进行论证，广泛听取意见。

（六）公文涉及其他地区或者部门职权范围内的事项，起草单位必须征求相关地区或者部门意见，力求达成一致。

（七）机关负责人应当主持、指导重要公文起草工作。

第二十条　公文文稿签发前，应当由发文机关办公厅（室）进行审核。审核的重点是：

（一）行文理由是否充分，行文依据是否准确。

（二）内容是否符合党的理论路线方针政策和国家法律法规；是否完整准确体现发文机关意图；是否同现行有关公文相衔接；所提政策措施和办法是否切实可行。

（三）涉及有关地区或者部门职权范围内的事项是否经过充分协商并达成一致意见。

（四）文种是否正确，格式是否规范；人名、地名、时间、数字、段落顺序、引文等是否准确；文字、数字、计量单位和标点符号等用法是否规范。

（五）其他内容是否符合公文起草的有关要求。

需要发文机关审议的重要公文文稿，审议前由发文机关办公厅（室）进行初核。

第二十一条　经审核不宜发文的公文文稿，应当退回起草单位并说明理由；符合发文条件但内容需作进一步研究和修改的，由起草单位修改后重新报送。

第二十二条　公文应当经本机关负责人审批签发。重要公文和上行文由机关主要负责人签发。党委、政府的办公厅（室）根据党委、政府授权制发的公文，由受权机关主要负责人签发或者按照有关规定签发。签发人签发公文，应当签署意见、姓名和完整日期；圈阅或者签名的，视为同意。联合发文由所有联署机关的负责人会签。

第六章　公文办理

第二十三条　公文办理包括收文办理、发文办理和整理归档。

第二十四条　收文办理主要程序是：

（一）签收。对收到的公文应当逐件清点，核对无误后签字或者盖章，并注明签收时间。

（二）登记。对公文的主要信息和办理情况应当详细记载。

（三）初审。对收到的公文应当进行初审。初审的重点是：是否应当由本机关办理，是否符合行文规则，文种、格式是否符合要求，涉及其他地区或者部门职权范围内的事项是否已经协商、会签，是否符合公文起草的其他要求。经初审不符合规定的公文，应当及时退回来文单位并说明理由。

（四）承办。阅知性公文应当根据公文内容、要求和工作需要确定范围后分送。批办性公文应当提出拟办意见报本机关负责人批示或者转有关部门办理；需要两个以上部门办理的，应当明确主办部门。紧急公文应当明确办理时限。承办部门对交办的公文应当及时办理，有明确办理时限要求的应当在规定时限内办理完毕。

（五）传阅。根据领导批示和工作需要将公文及时送传阅对象阅知或者批示。办理公文传阅应当随时掌握公文去向，不得漏传、误传、延误。

（六）催办。及时了解掌握公文的办理进展情况，督促承办部门按期办结。紧急公文或者重要公文应当由专人负责催办。

（七）答复。公文的办理结果应当及时答复来文单位，并根据需要告知相关单位。

第二十五条　发文办理主要程序是：

（一）复核。已经发文机关负责人签批的公文，印发前应当对公文的审批手续、内容、文种、格式等进行复核；需作实质性修改的，应当报原签批人复审。

（二）登记。对复核后的公文，应当确定发文字号、分送范围和印制份数并详细记载。

（三）印制。公文印制必须确保质量和时效。涉密公文应当在符合保密要求的场所印制。

（四）核发。公文印制完毕，应当对公文的文字、格式和印刷质量进行检查后分发。

第二十六条　涉密公文应当通过机要交通、邮政机要通信、城市机要文件交换站或者收发件机关机要收发人员进行传递，通过密码电报或者符合国家保密规定的计算机信息系统进行传输。

第二十七条　需要归档的公文及有关材料，应当根据有关档案法律法规以及机关档案管理规定，及时收集齐全、整理归档。两个以上机关联合办理的公文，原件由主办机关归档，相关机关保存复制件。机关负责人兼任其他机关职务的，在履行所兼职务过程中形成的公文，由其兼职机关归档。

第七章　公文管理

第二十八条　各级党政机关应当建立健全本机关公文管理制度，确保管理严格规范，充分发挥公文效用。

第二十九条　党政机关公文由文秘部门或者专人统一管理。设立党委（党组）的县级以上单位应当建立机要保密室和机要阅文室，并按照有关保密规定配备工作人员和必要的安全保密设施设备。

第三十条　公文确定密级前，应当按照拟定的密级先行采取保密措施。确定密级后，应当按照所定密级严格管理。绝密级公文应当由专人管理。

公文的密级需要变更或者解除的，由原确定密级的机关或者其上级机关决定。

第三十一条　公文的印发传达范围应当按照发文机关的要求执行；需要变更的，应当经发文机关批准。

涉密公文公开发布前应当履行解密程序。公开发布的时间、形式和渠道，由发文机关确定。

经批准公开发布的公文，同发文机关正式印发的公文具有同等效力。

第三十二条　复制、汇编机密级、秘密级公文，应当符合有关规定并经本机关负责人批准。绝密级公文一般不得复制、汇编，确有工作需要的，应当经发文机关或者其上级机关批准。复制、汇编的公文视同原件管理。

复制件应当加盖复制机关戳记。翻印件应当注明翻印的机关名称、日期。汇编本的密级按照编入公文的最高密级标注。

第三十三条　公文的撤销和废止，由发文机关、上级机关或者权力机关根据职权范围和有关法律法规决定。公文被撤销的，视为自始无效；公文被废止的，视为自废止之日起失效。

第三十四条　涉密公文应当按照发文机关的要求和有关规定进行清退或者销毁。

第三十五条　不具备归档和保存价值的公文，经批准后可以销毁。销毁涉密公文必须严格按照有关规定履行审批登记手续，确保不丢失、不漏销。个人不得私自销毁、留存涉密公文。

第三十六条　机关合并时，全部公文应当随之合并管理；机关撤销时，需要归档的公文经整理后按照有关规定移交档案管理部门。

工作人员离岗离职时，所在机关应当督促其将暂存、借用的公文按照有关规定移交、清退。

第三十七条　新设立的机关应当向本级党委、政府的办公厅（室）提出发文立户申请。经审查符合条件的，列为发文单位，机关合并或者撤销时，相应进行调整。

第八章　附　　则

第三十八条　党政机关公文含电子公文。电子公文处理工作的具体办法另行制定。

第三十九条　法规、规章方面的公文，依照有关规定处理。外事方面的公文，依照外事主管部门的有关规定处理。

第四十条　其他机关和单位的公文处理工作，可以参照本条例执行。

第四十一条　本条例由中共中央办公厅、国务院办公厅负责解释。

第四十二条　本条例自2012年7月1日起施行。1996年5月3日中共中央办公厅发布的《中国共产党机关公文处理条例》和2000年8月24日国务院发布的《国家行政机关公文处理办法》停止执行。

AI 工具辅助下的现代写作革新

一、AI写作与实用写作

1. 实用写作：文明传承与组织运作的基石

自甲骨卜辞记载商王田猎，到秦汉律令确立文书制度，实用写作始终是人类社会组织化运作的基石，更是人类情感共鸣与文明赓续的特殊载体。它以解决现实问题为导向，通过规范化的语言符号实现三大社会功能：行政公文流转(如唐代“三省六部制”下的敕牒文书)、契约凭证(如西周青铜器铭文)、知识传承(如《史记·货殖列传》的商业史料价值)。其本质在于依托真实、严谨、逻辑化的语言符号，达成具体场景下的高效沟通。

2. 数字化时代的写作能力

在当代语境下，写作能力已发展为融合多重维度的复合型素养：不仅包括逻辑思维能力、创新能力、审美能力，还涵盖了价值判断能力以及跨领域的专业技能表达能力。在此认知框架下，智能写作工具(AI)的介入，正在从多个维度深度重构传统写作流程，大幅提升写作效率，助力写作实现跨越式革新。AI写作的核心价值体现在：基于海量数据高效实现文献整理、语法校对、格式规范等基础环节的智能化处理；借助个人知识图谱构建多视角论证模型；通过智能互动深度激发创作灵感，并精准提供写作建议。例如某跨境电商企业的市场分析报告，传统的写作流程是：收集分析至少10家同类企业的年报数据→制作表格对比数据→形成文字分析报告。而数字时代的流程则是：抓取200家企业数据→自动生成动态热力图→AI精准标记风险点。因此，“AI时代”要求写作者具备更强的文本整合能力、数据抓取能力和信息筛选能力。值得注意的是，AI带来的革新并非机械替代，而是形成了“人类主导-智能增强”的协作范式。以商业计划书撰写为例，写作者着重于商业模式创新与价值主张提炼，AI则全力负责数据可视化、格式标准化等技术支撑工作。这种分工既充分解放了创造性思维，又通过技术手段有效弥补了信息不对称造成的认知局限。

二、主流AI写作工具

主流AI写作工具如表B-1所示。

表B-1　主流AI写作工具

推荐平台	平台网址	核心功能
DeepSeek	https://www.deepseek.com/	信息搜索、代码完成、写作助手
智谱清言	https://chatglm.cn/main/alltoolsdetail?lang=zh	信息搜索、数据分析、写作助手
KIMI	https://kimi.moonshot.cn/	办公助手、信息搜索、写作助手
豆包	https://www.doubao.com/	图像生成、翻译助手、信息搜索
讯飞星火	https://xinghuo.xfyun.cn/	办公助手、交互智能体
橙篇AI	https://cp.baidu.com/	办公助手、写作助手
秘塔AI	https://metaso.cn/	信息搜索、论文助手、阅读助手
天工AI	https://www.tiangong.cn/	数据分析、论文助手、信息搜索
即梦AI	https://jimeng.jianying.com/	音视频处理、交互智能体
扣子	https://www.coze.cn/	代码完成、只能助教
堆友	https://d.design/	图像生成、音视频处理

三、AI写作的技术路径

在实际的AI辅助写作过程中，如何使AI准确理解写作者的目标，并输出符合预期的内容是关键所在。在引导AI模型时，要提高生成质量，往往需要写作者提供全面的提示词，这些提示词应当包含背景、角色、条件、输出类型等关键要素。例如，在撰写某民族地区学术论坛的邀请函时，若简单输入“起草会议日程安排”，AI通常生成标准化的议程模板。但若完善提示词为“论坛在内蒙古师范大学举办，需预留那达慕开幕式观礼时段，并标注蒙古族学者献哈达仪式的着装要求”，系统则能生成更加有特色的安排，包括“8:00—8:30设置传统奶茶迎宾环节”“14:00论坛暂停以便参会者参加草原祭火仪式”等，同时自动生成蒙汉双语日程表与农历节气对照提示。这种高效的提示词引导依赖于四维架构：情景设定(会议场景中的文化礼仪要素)、功能定位(学术会议邀请函)、约束条件(双语的规范使用)、交互机制(可同步输出“少数民族文化礼仪指导”等相关信息)。由此可见，精通提示词的使用技巧，是驾驭AI写作的核心竞争力。

四、AI写作的风险与规范

1. AI写作的风险

AI写作可能导致双重影响，即在利用AI显著提高写作效率和大幅提升写作质量的同时，也可能潜移默化地削弱思维自主性，形成“AI依赖”心理，从而持续降低对语言能力的把控。当前阶段需特别警惕全AI写作引发的文化主体性缺失——鉴于AI智能工具处于发展初期，大模型系统普遍存在文化意识缺失的问题，当在实用写作中不加辨别地搬用AI模板并省略信息识别步骤时，在跨文化语境中极易带来歧义与误解。

2. AI写作规范

在AI辅助工具深度渗透的背景下，写作者需要构建系统的AI风险防控策略。实施要点如下：

(1) 坚持主体地位：严禁直接提交AI生成的全文作为原创作品，重点防范毕业论文、竞赛投稿等高风险场景，始终维护人类思维的核心主导地位；

(2) 确保信息透明：规范使用AI辅助时，必须在文档末尾完整声明工具名称、使用范围及贡献比例(如“本文数据摘要由智研AI生成，占比15%”)；

(3) 严格审核校准：建立三重校验机制——逻辑自洽性、文化适宜性和事实真实度。

五、结语：写作是思想的护城河

当AI能够毫不费力地生成流畅文字时，真正的写作能力反而体现在：在信息洪流中如同淘金者般精准提炼本质的洞察力、在价值冲突中如灯塔般坚定坚守立场的表达力、在文化碰撞中如桥梁般巧妙找到共鸣的沟通力——这些能力，终究不会被算法编码。与其说AI正在威胁写作，不如说它正在倒逼人类回归写作的本质：用文字精心构筑思想的深度，让技术永远为人的创造力赋能。培养写作能力，就是在人工智能时代精心修建一座人类思维的诺亚方舟。

延伸学习资源如下：

（1）写作指南：西南交通大学发布的《生成式AI写作指南V1.0》；

（2）学术平台：MIT“人工智能”公开课；

（3）检测工具：中国知网个人查重服务系统、Turnitin论文原创性检测系统、Copyleaks抄袭检查器等。

[1] 徐中玉. 应用文写作[M]. 5版. 北京：高等教育出版社，2016.

[2] 吴怀东. 应用文写作[M]. 北京：高等教育出版社，2022.

[3] 葛红兵，许道军. 大学创意写作：应用写作篇[M]. 北京：中国人民大学出版社，2017.

[4] 黄高才. 实用写作[M]. 北京：北京大学出版社，2020.

[5] 彭国忠. 大学语文[M]. 北京：人民邮电出版社，2022.

[6] 刘军华. 公文写作[M]. 北京：高等教育出版社，2021.

[7] 刘卫东. 创意写作基本理论问题[M]. 上海：上海大学出版社，2019.

[8] 黄美玲. 大学语文[M]. 5版. 北京：北京大学出版社，2024.

[9] 刘畅. 新编现代应用文写作与范例大全[M]. 3版. 北京：清华大学出版社，2024.

[10] 余少文，曹艳红. 实用写作教程[M]. 广州：暨南大学出版社，2015.

[11] 张耀辉，戴永明. 简明应用文写作[M]. 3版. 北京：高等教育出版社，2018.

[12] 夏晓鸣，张剑平. 应用文写作[M]. 5版. 北京：首都经济贸易大学出版社，2018.

[13] 毛正天，庄桂成.实用写作[M]. 北京：高等教育出版社，2021.